DVに曝された母子を支援する
コンカレントプログラム・マニュアル

NPO法人リスペクトフル・リレーションシップ・プログラム研究会（RRP研究会）［監修］
春原由紀・古賀絵子［編集代表］

金剛出版

はじめに

1 コンカレントプログラムとの出会い（古賀絵子）

母子コンカレントプログラム "A Concurrent Group Program for Children and Their Mothers" は，カナダ・オンタリオ州のSusan Loosley氏，Michele Paddon氏が開発した，DVの被害を受けた母子が共に回復していくための心理教育プログラムである。RRP研究会の理事等は，カナダ・オンタリオ州・ロンドン市で，DV被害母子に対する包括的な支援が行われていることに着目し，2006年に，同市のthe Centre for Children and Families in the Justice System（現在はthe London Family Court Clinic）のディレクターであったLinda Baker氏，Alison Cunningham氏を訪ねた。その後，同センターとの緊密な連携機関である，市内の児童相談所（Children's Aid Society of London and Middlesex），DV被害女性支援機関（London Abused Women's Centre），DV加害男性に対する更生教育実施機関（Changing Ways）をそれぞれ訪問した。そして，DVを受けた母子の支援は，被害女性とDVに曝された子どもに対する影響を理解した上で，あらゆる関係機関が関わり，包括的に行うことが望ましく，その支援ネットワークには，加害者である男性がDVをやめるための教育も組み込まれていることがわかった。当時，Susan Loosley氏は児童相談所で，Michele Paddon氏はDV被害女性支援機関に勤務しており，それぞれ，母子コンカレントプログラムの子どもグループ・マニュアル，母グループ・マニュアルを執筆された。当会のカナダ訪問を機に，お二人とも知り合うことができ，2008年には東京に招聘し，著者のお二人による「母子コンカレントプログラム研修会」が実現した。

カナダの母子コンカレントプログラムのマニュアルは全12回で組まれていた。我々が日本で実践するにあたり，より実践しやすくなることを優先して7回に縮めている。今回の母子コンカレントプログラム・マニュアルを日本で出版するにあたり，著者のお二人は，日本の被害者を支援する皆さんが使いやすく，被害母子に役立つものになるようにと，日本の現状に合わせて変更した上で出版することを許可してくださった。実施の原則をはじめ，本マニュアルの大部分は，著者のお二人の言葉を反映しており，カナダにおける，著者のお二人をはじめとする児童相談所スタッフ，被害者支援スタッフ，そして，プログラムの主役である多くの被害女性と子どもたちの多様な経験が元になっている。日本各地の皆さんには，そのことを思い，それぞれの現場に合わせて活用していただけたら幸いである。

2 コンカレントプログラムの実践の始まり（春原由紀）

RRP研究会と武蔵野大学心理臨床センター子ども相談部門との協力で，2008年の研修を受けた後，コンカレントプログラムの実践を初めて15年になろうとしている。その後，2012年からは原宿カウンセリングセンターとの協力関係のもと実践が続けられてきた。

2004年に児童虐待防止法改正で子どものDV目撃も児童虐待と位置付けられているにもかかわらず，そして，その結果，警察がDV場面にかかわり，その場にいてDV被害を受けている子どもを虐待被害ととらえ児童相談所に通告するケースが増大しているにもかかわらず，DVに曝されてきた子どもたちへの支援はほとんどなされていない現実がある。

RRP研究会では，DVの包括的支援を目指し，DV加害者へのアプローチ，DV被害を受けている女性・母親たちへの支援，そしてDV被害を受けてきた母子，特に子どもへの支援（コンカレントプログラムや個別アプローチ）を進めてきている。

コンカレントプログラムは優れたものであるが，実践を続けていると，DV被害を受けてきた子どもたちが安全な状況で，自分たちが体験してきたことの意味をきちんと学ぶ必要があり，認め合う仲間を求めていることを強く感じる。子どもたちは，自分が体験してきたことは自分だけの秘密ではなく，同じような経験をしてきた子どもたちがいることに気づいたとき，心強さと安心を感じる。そして自分の経験を訥々と語るとき，それを真剣に聞き，頷いてくれる仲間の存在が何よりの励ましとなるのである。

コンカレントプログラムのマニュアルは，これまで2回の改訂を経て，プログラムの研修会の参加者に配布されてきた。今回，広くDV被害者支援をなさっている方々をはじめ，関心を持ってくださる方々にお届けしようと書籍化することとなった。

援助の現場によっては，このマニュアルに示した7回の実施は難しく，内容をさらに短縮しながらの実践もあるだろう。私たちは，このプログラムを尊重しながらも，そうした現場の実情に合わせて工夫を重ねていくことが大事だと考えている。

さまざまな地域，組織のなかでプログラムの実践が発展していくことを願っている。

DVに曝された母子を支援する
コンカレントプログラム・マニュアル

目次

I

RRP研究会からのメッセージ

1

母であるDV被害者を支援する

信田さよ子

1——何を目指してきたか

本研究会は，2001年のDV防止法（配偶者からの暴力の防止及び被害者保護に関する法律）成立に伴って，内閣府男女共同参画局推進課の「配偶者からの暴力の加害者更生に関する調査研究・研究会」のワーキングチームが招請されたことから出発している。そのメンバーのうち，内閣府が東京都に委託実施したDV加害者プログラムにかかわった者たちが，委託期間終了後も継続してプログラムを実施することにしたのである。プログラム中断は参加者であるDV加害者の暴力再発の危険性を高めることが指摘されており，そのためにもなんとか続ける必要があるだろうと考えて研究会を立ち上げた。私も含めた当時のメンバーが中心となり，その後DV加害者プログラムに関心のある若手の公認心理師や臨床心理士が加わり，今日に至るまで試行錯誤を繰り返しながら実践を継続している。

2007年にNPO法人化されたRRP研究会であるが，その後視点を広げて，カナダ・オンタリオ州で先進的に実施されていたDV被害を受けた母子を対象としたプログラムにも関心をもち，カナダでの視察や，講師を招聘（へい）した東京での研修会実施を行った。それ以後今日までの経過は他の報告に譲りたいが，ここで注目すべきなのは対象の広がりの順序である。

一般的にDVへの取り組みは，まず被害者支援から始まることはいうまでもなく，日本でも同様である。ところが本研究会はもっとも敬遠されがちなDV加害者へのプログラムから出発し，父親であるDV加害男性を対象とした「ケアリング・ダッド」プログラム，そしてDV被害母子を対象とした本プログラムへと焦点を拡大してきた。

逆方向にも見えるこの推移は，本研究会の目指すものがDVの包括的支援であることによる。DVは夫から妻への暴力のことを直接には指すが，それにとどまらず，次世代の子どもにも深刻な影響を与えることがわかってきた。さらに被害者である妻は長いあいだ影響から脱することができない。ひとつの家族の成立は，一組の男女（同性カップル）から出発する。とすれば，家族の暴力（虐待や子どもの暴力など）の根幹に位置するのはDVである。近年子ども家庭庁の設立にも見られるように，次世代の子どもを育むことへの支援は遅まきながら整備されつつある。しかし上記のような視点に立てば，子どもの母であるDV被害者への支援，そして夫（父）である男性への加害者プログラムの実施がなければ，子どもの健やかな成長は望めないだろう。DVと虐待の双方を視座に入れること，被害者支援と加害者プログラムの双方が有機的に連携しながら実施されること，この2つの点が「DVの包括的支援」の意味するところである。

2——何が変化したのか

包括的支援に関して，DV防止法制定後の22年間でどのような変化が生じたのだろう。

DV加害者プログラムは，今では首都圏のみならず，長野，鹿児島，長崎，静岡，大阪，広島，北海道，熊本などでも実施されるようになっている。DV罪という法律による厳罰化が実現したわけではないにもかかわらず，加害者へのアプローチの必要性の高まりがこのような動きを生み出しているのではないか。法律制定を待っているあいだも，被害者からの相談は増え続けている。2020年からのコロナ禍にあっても，DV相談の著しい増加は注目された。

そんな中で相変わらず，加害者対応への国の無策は続いている。

DV加害者プログラムの実施団体は多様であり，それぞれが個性ある内容であるが，大筋において「被害者支援の一環としての加害者プログラム」という原則を守って実施されているようだ。DV被害者にとっては，自分が逃げて保護される（すべてを捨てて逃げる）以外にも，夫を加害者プログラムに参加させるという選択肢が生まれたといえよう。しかし近年，上記のような大原則を踏まえているかどうかが疑問視されるプログラムがネット上で散見されるようになった。需要が高まっている現実に対して，今後も公的には何の対策も行われないとしたら，被害者支援の一環であることが疑問視されるようなプログラムが跋扈（ばっこ）することを止めようがないのではないか。

もうひとつは，DV目撃が与える子どもへの影響に対する注目の高まりである。2013年以降，警察庁が家族における女性や子どもの暴力被害の防止に積極的な姿勢を示すようになった。その結果「面前DV」という言葉が使用されるようになり，2005年の段階ですでに児童虐待防止等に関する法律で明文化されていたにもかかわらず，何ら対策が講じられることのなかったDV目撃という心理的虐待が，一気に可視化されるようになった。DVの通報があった場合，そこに子どもがいれば警察は児童相談所に通告することが義務となったのである。2014年以降現在に至るまで，児童相談所への虐待通報件数は増加の一途をたどっているが，その半数以上を面前DVという名の心理的虐待が占めていることは大きな変化である。

このような現実を踏まえ，多くのDV被害者支援団体や，各地の男女共同参画センターなどが被害母子へのプログラム提供に関心を抱くようになっている。筆者は，本研究会の目指してきたDVの包括的支援が少しずつ実現に向かっているのではないかという微かな希望を抱いている。

3——DV被害者支援の経験から

筆者は民間開業心理相談機関において20年以上にわたり，DV被害者のグループカウンセリングを実施している。参加女性の多くは子どもを連れて別居・離婚に漕ぎ着けている。2013年の法改正によって離婚後も一方の親と月1回程度の面会交流が期待されるようになったのを受け，近年グループでの課題は面会交流にまつわるさまざまな問題へと移りつつある。子どもをとおして元夫との間接的な接触が生まれ，それに伴って子どもの問題行動が出現する例もある。これまでは被害女性の保護に専念すればよかった支援が，加害者と離れてから生じる子どもの問題，面会交流によって続く元夫との関係やトラブルを視野に入れざるを得なくなったのである。また彼女たちの心身の不調の出現と，子どもの問題の顕在化の時期が重なることもわかってきた。いわば我が国におけるDV被害者支援の定着に伴い，DV被害者が母でもあること，彼女たちが母親として子育てに取り組める支援が不可欠であることが明らかになったのである。コンカレントプログラムは，このようなDV被害者支援の発展の途上に位置付けられる必要があるだろう。

4——被害者であり子育ての主体であること

彼女たちがDV被害者であることは，夫の暴力について責任がないことを意味する。この責任のなさと，母という子育ての責任主体であることの兼ね合いが，本プログラムには矛盾なく具体的方法と共に位置付けられている。これは母グループのひとつの柱であり，プログラム実施者はこの点に留意する必要があるだろう。

ただ，DV被害者支援は困難を極めるし，加害者を視野に入れることは危険を伴うので，被害母子のプログラムを実施することでDV被害者支援の代替をする，といった方向性が生まれることを何より危惧する。しばしば子どもの存在は，すべてを調停する力をもっている。DV被害者支援より，子ども虐待防止対策のほうがはるかに一般の共感を呼ぶ。そのような流れから「子どものために」を中心として本プログラムに取り組むことは避けなければならない。なぜなら母である被害者たちが十全に親役割を果たせないことへの厳しいまなざしにつながりかねないからだ。

ただですら彼女たちは，近年の共同親権推進の論調において，子どもを誘拐したに等しい，子どもから父親を奪ったのではないか，そもそもDVなんて虚偽ではないかと言われ，離婚そのものが自分のわがままではなかったのかという自責感に悩まされている。母親失格という指弾に対する敏感さは想像以上である。ここにもDVと虐待の双方を視野に入れた，被害者の免責と子育て主体の形成が同時に実践されること（＝包括的支援）という軸足が必要になる。

5——我が国に根差したプログラムに向けて

DVが犯罪であるとされ，裁判所命令でDV加害者プログラムが指示されるカナダで誕生したプログラムを，日本で実施するにはさまざまな困難があった。児童相談所とDV被害者支援センター（日本では配偶者暴力相談センターにあたる）との協働を前提としたカナダのようなシステムは，残念ながら日本では望めない。そんな中で，出発時において武蔵野大学心理臨床センター子ども相談部門との協力があって，ここまでなんとか継続実践ができたことは強調しなければならない。

夫婦という関係より，母子・親子という関係性のほうがはるかに重要視される日本にあって，上記のような懸念はあるものの，本プログラムが逆にDV被害者支援を充実させる契機になるのかもしれないとも考える。子どもへの深刻な影響に触れることで，さかのぼってDV被害の深刻さや残酷さを知るというプロセスを遡及的にたどる援助者も多いだろうから。

RRP研究会が，DV加害者から父親プログラムへ，そしてDV被害母子へと焦点を拡大してきたように，コンカレントプログラムに触れて子どもへの影響を知り，そこからDV被害者支援や加害者プログラムへと関心を広げていく多くの援助者が誕生することを歓迎したいと思う。どのような道のりをたどろうと，DVの包括的支援が目指すものは，子どもたちが安心して育つことができる暴力のない家族なのだから。

2

DV加害者更生の意味と被害者支援の視点

妹尾栄一

1——はじめに

筆者らが，内閣府の調査研究の一環で，諸外国のDV加害者更正の在り方を学び始めて，ちょうど20年が経過する。何度も話題になりながらも，DV防止法においては，加害者に関する条項や細則に変化がないままで経過している。

それとは対照的に，世界的な動向を俯瞰してみると，加害者プログラムについて多面的かつ活発に議論がなされていることが分かる。さまざまな国や州でDV対策の新規5カ年計画が相次いで発表されており，加害者更正にも1章が割かれ，どの国の計画でも「説明責任」がキーワードとして浮上している。

RRP研究会では多年にわたって，加害者についての教育プログラムを継続してきた。経験則的に，DVの発生する家庭は，同時にそこに成長する子どもたちにとっても過酷な試練を強いていることが判明した。プログラムを実施するなかで，男性参加者の多くが，自分の子ども時代に両親の間でのDVを目撃したことを，率直に語ってくれた。また男性プログラムでは，必ず途中経過のなかで，被害者に対する「説明会」を開催している。これは，当研究会がどのような趣旨で男性教育プログラムを実施しているのか，被害者に説明する場として設定している。参加してくる被害者の多くが，DVを目撃して育つ子どもへの影響を懸念している。

以上のような経過から，主催団体としても，加害者更正の主要な項目として，子どもに与える影響を取り上げる必要を自覚した。さまざまな情報収集を重ねる過程で，カナダ・オンタリオ州のロンドン市では，DVに曝される女性と子どもへの包括的な支援が行われていることを知った。

2——被害母子の一体的保護

RRP研究会としては過去20年の内閣府の調査研究期間中に実践的なプログラムを精力的に視察し，マニュアルを翻訳し，ワークショップを開催している。現在は世界各国で「DV被害者保護と児童保護との連携」が主要なテーマとして浮上し，大きな過渡期にあることが実感された。

カナダにせよオーストラリアにせよ，もともと児童虐待への取り組みや歴史の積み重ねでよく知られている。特に，一定の職種へ児童虐待発見時の通報義務を課すなど，比較的厳罰主義のアプローチで知られている。これとは別に，この10年間については，いずれの国でも，DVに曝されること自体が児童虐待であるとの認識が急速に普及している。同様に「DV家庭における子どもの安全」を最優先に掲げる国も増加傾向にある。DV家庭では多くの場合，犠牲者は女性と子どもであり，母子間での「絆」が弱体化する点に特徴がある。加害者に対しては，妻への暴力を防止する責任と同時に，子どもに与える影響を自覚してもらう必要がある。加害者がしばしば口にするような，「妻に対しては暴力をふるったかもしれないが，父親としてはうまく振る舞っている」との弁明を許さない姿勢が大事である。

現在の世界的な動きとしてハーグ条約も批准され，離婚後の面接交渉において，別れて住む親との面会を保障される権利を付与された子どもが，面会を自己決定できる潮流にある。その際に留意しなければならないのは，もしその家庭がDVに曝されていて，子どもが暴力の与える深刻な影響をよく理解しないままで精神発達を遂げた場合，たとえば「力」に関する誤った信念を植え付け，ストレス回避の方法として，暴力の形態での力の行使を学んでしまう可能性があることだろう。こうした点を回避する意味では，DVに曝された影響に特化した心理教育も必要となる。

3——加害男性の説明責任

各国のDV対策5カ年計画を読み込んで気が付くのは，「女性被害者支援」の視点から，「女生と子どもの安全」へと視点が拡充されていることである。疫学的な意味で，DVと児童虐待が同時発生しやすいことも重要であるが，それよりも子どもがDVを目撃すること，DV家庭に生育することの深刻な弊害が着目されている。したがって，多くの5カ年計画では「子どもと女性の安全」に加えて「加害者に対する説明責任を求める」の章が，必ず設けられている。たとえばWestmarland et al. (2010) は，父でもある加害者が自覚や行動を改めることによる，以下のような3つの次元での変化を整理している。

- 第1次元：父自身の変化により，子どもにも恩恵がある場合。

• 第2次元：父子間の関係性の変化。
• 第3次元：子どもの機能の改善。

RRP研究会のメンバーが加害者プログラムを試行しはじめた頃には，カナダとアメリカ合衆国を別にするならば，裁判所の命令で強制参加の教育プログラムを実施している国は，依然として少数であった。しかし，ちょうどこの20年間は，世界各国で加害者プログラムが同時並行的に実施されはじめている。

たとえばニュージーランドでの動向を紹介すると，2013年にDV防止法の大改正がなされ（1995年以来なので約20年ぶり），法律の条文に「安全プログラム」と「暴力防止プログラム」が盛り込まれた。この場合，安全プログラムは被害母子のために提供され，暴力防止プログラムは加害者のために提供される。重要なことは，この両者のプログラムの推進に司法省がかかわっており，「包括的な」アプローチが同時進行することとなった点である。加害者プログラムに求められる技法や推進体制でも，従来のドゥルースモデルや認知行動療法に加えて，ストレングスモデルや動機づけ面接などエビデンスのあるさまざまなアプローチが織り込まれている。

最後に指摘すべき事項として，DVが子どもに与える影響が，広範囲に知られはじめた反面，DVの被害者支援に採用されている理念や実践上の技法，同じく児童虐待の専門家によって採用されている理念や技法などが，その歴史的背景も反映しつつ大きく異なっていることが挙げられる。さらには，加害者と被害母子が分離し離婚してもなお，面接交渉権や共同親権の問題を統括する家庭裁判所の理解に母子は悩み続ける。イギリスの社会学者Hester（2011）は，こうした3領域での問題の食い違いを「3つの星モデル」として提唱している。簡略化するならば，DVについては犯罪化・刑事罰化の方向で，児童虐待は家庭の機能不全や社会福祉的アプローチで，最後の離婚前後の交渉では共同親権や面接交渉などでの家族法の理念があり，それぞれ相克している。

RRP研究会が男性のための教育プログラムを試行しはじめてから約20年が経過するが，各国での調査研究や，インターネットを通じた情報収集により，この間の世界的な変動や先駆的な試みを幅広く理解することができた。残されているのは，日本が国としてどのような方向に踏み出すのかであり，それは選択の問題である。

●文献

Hester, M.（2011）The three planet model : Towards an understanding of contradictions in approaches to women and children's safety in contexts of domestic violence. The British Journal of Social Work 41-5 ; 837–853.

Westmarland, N., Kelly, L. and Chalder-Mills, J.（2010）What Counts as Success?. London : Respect.

3

アタッチメントの観点から見たDVのダメージとコンカレントプログラムの効果

森田展彰

ドメスティックバイオレンス（DV）の被害を受けた母子の回復と援助を考える上で，アタッチメントの観点は重要である。児童虐待防止法によりDVの目撃は児童虐待と定義されているが，目撃による衝撃以上に問題なのは，DVが母子間におけるアタッチメント関係を壊してしまう点である。この問題は加害男性から離れた後にも継続している場合が多く，その後の子どもの発達を阻害したり，精神的な問題に結びつく可能性がある。DV被害を受けた母子の回復には，母・子どもそれぞれの回復とともに親子間のアタッチメント関係の再構築を行うということが必要である。本論では，アタッチメントの観点から，DVが母子に及ぼす影響と，コンカレントプログラムの回復効果について論じる。

1——DVは母子間のアタッチメント関係をゆがませてしまう

そもそもアタッチメントとは，「子どもが不安を感じた時に，養育者に対する近接を維持することで安全と安心感を回復するという，ケア探索に関する関係性やその結果として成立するシステム」であるとされる。アタッチメントが安定的に発達した場合（安定型という），心の中に安心感が蓄積し不安定な感じがしなくなり，いざとなれば守ってもらえるという感覚が感情調節機能や共感性の基盤になるとされる。逆に養育者が安全基地の役割を十分果たせない場合には，以下の3つの不安定なタイプを生じるとされる。

- 回避型（組織化）：養育者が子どものケアの要求に拒否的で，子はケアを求める行動を抑制する。

- 両価型（組織化）：養育者が一貫しない対応をすることで，子はいつまでもぐずるなどして，ケアを求める行動を取り続ける。
- 無秩序・無方向型：養育者が子どもにとって理解不能な行動や虐待を行うことで不安を喚起する場合に生じる型で，養育者への近接に矛盾した不可解な行動を見せる。

以上のようなパターンは，子どもが1歳前後において，実験的な分離・再開場面で親子の相互作用を評価するSSP（Strange Situation Procedure）という手法で評価される。このように養育者と子の関係性は次第に一定したパターンとして子の中に内在化され，満2歳前後には「内的作業モデル（Internal Working Model : IWM）」として構成されると考えられている。これは，自分や他者やその関係性の表象上のモデルであり，ケア探索の方略といえる。アタッチメントの型は，その後に修正を生じるような関係性を体験しなければ，成人期においても同様のIWMが継続し，人間関係の持ち方に影響をあたえるとされる。

DV家庭の子どもの場合には，男性（父や内縁の夫など）から脅威をあたえられるのみならず，暴力による母親のアタッチメント機能の低下により不安を受けとめてもらえなくなるために，子どもは二重の意味で強い不安に曝されることになる。そのため子ども自身は不安定なアタッチメントタイプ，特に無秩序・無方向型になりやすい。無秩序・無方向型のIWMを持った子どもは，不安を感じた時に，それを素直に出すと，かえって叩かれたりどなられたりするために，ゆがんだ表現をするようになる。具体的には，不安になると，自傷行為や逸脱行動などより危ない行動を取って注意を引こうとする，養育者を攻撃する，役割逆転の形で親の面倒をみるようになるなどの反応が指摘されている。実際にコンカレントプログラムに参加した子どもたちにもこうした傾向がみられた。

さらには世話をしてくれる人をかえって攻撃するようなやり方，逆に言えば攻撃的な方法でケアを求める方法がそのまま続いてしまえば，長じてからDVや虐待を行う加害者になってしまう可能性があるといえる。筆者は，コンカレントプログラムとは別に，DV加害者に対するプログラムを行っており，その参加者の多くがDVや虐待的な環境で育った人である。彼らは生育家庭で暴力をふるっていた父親に強い怒りや恐怖を感じているが，それ以上に守ってくれなかった母に対する怒りを抱いている場合が多い。そして，母に対する充たされなかったケア欲求やそれに伴う怒りをパートナーに向けることが，加害行為に結びついていると思われる事例が少なくない。こうした暴力の連鎖を防ぐ上で，DV被害を受けた子どもが，もう一度安定したケアを母からもらえる関係を再構築し，内的作業モデルを修正することが重要であるといえる。しかし，母子施設やシェルターにおける被害母子の調査を見ると，一旦暴力被害から逃れた後に，母は暴力や父の話はできるだけ避ける気持ちが強く，子どもの側もそうした話ができない状態になっている場合が多い。不安や恐怖などの否定的な感情を話せてこそ，安定したアタッチメント関係が構築できるわけだが，それができないままになっているといえる。したがって，DVに曝された子どもの回復には，子ども自身の心の傷を直接癒すことのみでなく，母とのアタッチメント関係を修復することが重要であるといえる。コンカレントプログラムでは，子どもの援助と子どもとの関係を取り戻す母の援助を両方同時に行っており，子どものアタッチメント関係回復に非常に有効な構造を持っているといえる。

また，母側の問題にも目をやると，母自身がDVに曝されていると父の要求に応えることにかかりきりになったり，トラウマ症状などもあり感情的なキャパシティが少なくなっているため，子どもの安心の基地の役割を果たすことが難しい状態になっている。事例によっては，DVの被害者が，子どもに不適切な養育を行うものになってしまう場合もある。DV加害男性から逃げ出してきた母子において，母親が子どもに虐待的になってしまう場合や援助者にも攻撃的になる場合は，母自身のアタッチメントの問題がそこに表れている可能性がある。よいアタッチメント対象になる，つまり上手に子どもに安心感をあたえるためには，母自身がよい援助を受ける必要があるが，それが難しくなっている場合が少なくない。援助者が，そうした難しい反応を示す母に対して否定的になる場合もあるが，アタッチメントの視点からその心理を理解して，母に安心の基地を提供することが重要である。コンカレントプログラムの母グループはそうした安心の基地を提供している。

以上のように，DVに曝された母子では，母子間の交流におけるアタッチメントの不安定化，子どもの内的なアタッチメントの不安定化，母の内的なアタッチメント不安定化の3つが起きているといえ，そうした重複したニーズのもつれが回復を遅らせており，それらが母子間での虐待や子どもが将来加害者になるという世代間・家族員間における暴力の連鎖のリスクにつながっている。その対応としては，母，子，そして母子関係という3つの焦点があり，コンカレントプログラムはそれらに同時に支援をあたえるものといえ，アタッチメント理論からも理に適ったものとなっているといえる。以下に，より詳しくコンカレントプログラムの要素がどのように安定したアタッチメントの再構築に寄与しているかを示したい。

2——母子への同時的な援助が安定したアタッチメント関係の再構築を助ける

コンカレントプログラムはアタッチメントの再構築に関して，2つの主要な効果がある。そのひとつは並行して行われる母子のグループが母と子どもの各々のアタッチメントの対象になることであり，もうひとつは母子間の交流を盛んにすることでアタッチメント関係の回復を促進することである。

まず母グループが，母親のアタッチメント対象＝安心の基地になる。これまでに施行したコンカレントプログラムに参加した母親の多くが，自分ひとりのことかと思っていたが，母グループにおいて自分以外にも同様の体験をした人がいることを知り，体験を分かち合うことができたことを嬉しそうに語っていた。また，グループの時間は，子どもの世話役からも一旦離れられる面もあり，グループが進むにつれてのびのびとさまざまな感情を表現するようになる姿が見られた。時には涙を流しながら過酷な生活を話すこともあれば，他の時には好きな趣味や音楽の話で学生時代のように盛り上がり，グループの時間が足りなくなるようなこともあった。プログラム前後に実施した心理テストのデータからも，母親のメンタルヘルスの回復は明確にうかがえた。こうして母親自身が，グループに支えられ心に余裕をとりもどすことで，母自身が安心の基地になる準備ができるといえる。母グループはこのように母にとっての安心の基地として機能するのみでなく，それと並行して母自身が今度は子どもに安心をあたえる役割を果たすにはどうすればいいかを学習する機能も果たしている。

一方，子どもグループでも，グループが安心の場として機能していた。これまで行ってきた子どもグループで，子どもたちは最初こそ緊張しているが，次第にセラピストとの遊びが活発化し，それを触媒として子ども同士の遊びや会話が盛んになっていった。プログラム後のアンケート結果をみると，同じ体験をした子どもと触れ合うことで，それまで話すことができなかった暴力や父のことなどについて話せてよかったと感じている子が多かった。子どもたちは，我々が思う以上にプログラム内容を理解して，グループの中で暴力やそれに伴う怒りや恐怖についても話し合うことができるようになる様子が見られた。これは，母グループと同様に子どもグループが，子どもたちにとっての安心の基地となりうることを示している。こうしたグループ内での子どもの変化に加え，同じテーマの内容を習っている母の理解に支えられ，母に対してこれまで言えなかった過去の暴力のことやグループで感じた気持ちなどを話す時間が増えることも確かめられた。これはまさに母のアタッチメント対象としての機能の回復を示しているといえる。しかしながら，子どもの心理テストの結果をみると，プログラム前から顕在化していた問題行動や症状が落ち着いてくる場合と，プログラム前には抑制的で問題が目立たなかった子において精神症状や問題行動が増える場合があった。後者の場合，一見プログラムにより不安定になったようであるが，こうした症状や問題行動の増加は，子どもがこれまで出せなかった気持ちを表現できるようになったことを意味していると考えられる。

以上のようにコンカレントプログラムは，多面的な働きかけを通じて，母子間における安定したアタッチメント関係の構築を再開する効果を持つといえる。ただし，全ての母子がコンカレントグループの期間中に安定した関係の構築に行き着くわけではない。コンカレントプログラムは，あくまでもDV被害母子の長期的な回復援助の過程の最初の部分を担うものであり，こうした働きかけを維持するアフターフォロー（個別的な心理療法や生活援助など）が必要であると考えられる。たとえば，上述したように，プログラム後にかえって子どもからの否定的感情の表現が増えるように見えた場合などは特に，こうした状況を回復の過程としてとらえ，そこで母が子どもの気持ちを落ち着かせる役割を果たせるように援助を継続することが必要になる。そうした援助がなければ，母が受け止めきれずにダウンしてしまったり，子どもに対して否定的な対応をして混乱を助長したり再び子どもの表現が抑制されてしまう可能性もある。また，子ども側のトラウマの影響がある程度以上に大きい場合には，子どもグループのみでは十分に改善されない場合もあり，その場合には子どものトラウマに対する心理療法，たとえばCohenほか（コーエンほか，2014）が開発したTF-CBT（Trauma-Focused CBT）などを加えていく必要がある可能性がある（ちなみにTF-CBTは，子どものトラウマ体験を直接語らせることに焦点をあてて整理する点はコンカレントプログラムと異なるが，親に子どものトラウマの症状やその対処法を理解させ，母子間のアタッチメント関係を補強することが重視されている点では，コンカレントグループと重複する構成内容になっている）。いずれにしても，コンカレントプログラムの提供者は，プログラムの前後の変化やその後の援助に関して，母子のアタッチメント関係の回復過程に位置付けて理解した上で，そうした理解を母子，特に母に説明していくことが重要である。

以上のようにコンカレントプログラムは，DV被害からの回復の入り口を担うものに過ぎないが，最初の時点で，被害母子に回復に向けた道筋を示すことは大きな意味を持つと思われる。これに基づいて継続的な回復の道を歩むことで子どもたちのアタッチメントパターンを修正できれば，将来そうした子どもがDVの加害者や被害者になる可能性を減らすことが期待できる。そして母にとっても，そうした子どもの回復を助ける安心の基地の役割を果たしうる自分自身の役割や重要性に気づくことは，自分自身の回復にも大きな恩恵をもたらすといえる。

●文献

ジュディス・A・コーエン＋アンソニー・P・マナリノ＋エスター・デブリンジャー［白川美也子・菱川愛・冨永良喜＝監訳］（2014）子どものトラウマと悲嘆の治療――トラウマ・フォーカスト認知行動療法マニュアル．金剛出版．

4

「子どもを否定しない」
——コンカレントプログラム実践から

春原由紀

2008年にコンカレントプログラムの実践をRRP研究会と武蔵野大学心理臨床センター子ども相談部門との協力のもとで始め，その後，原宿カウンセリングセンターの協力を得て実践を続け15年になる。今回のマニュアル改訂に際して，子どもグループに焦点を当て，これまでの実践の積み重ねの中から得た学びを確認し，今後の実践の発展に活かしていきたいと思う。

実践を継続していくためには，多くの困難がある。そのひとつは，活動の資金をどうするかという問題である。この問題は，私たちが被害母子への支援・加害者へのアプローチを学んだカナダやオーストラリアの実践でも大きな課題となっていた。助成金の申請という多大な事務作業をこなしながら，結果の可否に揺れる思いはどこの国でも共通のようだが，日本の場合，総量が少ない中での苦労が続く。また，被害母子にどのようにアプローチをし，参加を促していくかにも難しさがあり，地域における被害母子支援体制の拡充が欠かせない要件であることを実感した。そしてコンカレントプログラムは，さまざまな地域における支援と繋がって機能する包括的DV被害母子支援の一環であるとの認識を強くした。今後は，地域の支援体制の強化が強く望まれる。

さらに実践を担う援助者たちにどのように力をつけていってもらうかも大きな課題といえよう。プログラム実践ではマニュアル通りにやっていくだけでは足りない。柔軟な臨床的力量を必要とするのである。RRP研究会では，毎年研修会を開催しているが，研修会では伝えきれない細やかな情報をどう伝えていくかも大きな課題である。

そうした課題を抱えながらも，プログラムの必要性は高く，多くの方々が私たちの実施してきた研修会に参加してくださり，国内各地で実践の芽が芽生えてきたことも確かなことである。また，実践は，グループにおいて被害を受けた母親と子どもたちのもつ力に勇気づけられるという貴重な経験に支えられて継続できたことも述べておきたい。各地で実践を経験なさった方々が，子どもたちのもつ力に感動したとの感想を述べられていたが，まったく同感である。

以下では，子どもたちとの活動を通して学んだことをいくつか述べていく。

1——子どものもつ回復力・成長力の大きさ

グループで出会った子どもたちはとても個性的であった。その個性を関係の中でうまく活かすことができればいい。しかし中には，周囲の状況との関係に活かすことが難しく混乱している姿も多くみられた。個性を大事にしながら，状況において人やものとの関係に生かしていけるようになる援助の必要性を感じることが多かった。こうした援助では，ワークの中で一人一人の発言を大事にするのはもちろんのこと，自由遊びの時間のファシリテーター（以後，ファシとする）のかかわりが重要となる。

人との関係に信頼を置くことを恐れ，人との関係にかかわらず，一人遊びをしているA君。他の子どもたちは別の遊びに興じている。A君に即す役割を取ったファシは，遊びの節目をとらえて，「A君，すごいの作ってるんだよ」と他の子どもたちに働きかける。すると関心を持って近づいてきたB君が「ほんとだ。僕もやろう」と並行して遊び始める。そして少しずつ近づいてきた子どもたちの真ん中にA君がいる。A君の表情はそれまでと変わってきた。

小さな変化である。しかし，小さな変化を重ねていくことで，彼は他者と共にいることへの安心感を育てている。小さな変化を重ねながら，子どもたちは大きく成長していく。

2——困った行動ととらえられること

プログラムに参加している子どもたちは，自分の父親が母親に暴力を振るっている，母親を馬鹿にする，ひどい言葉をぶつけている，時には，子どもに対しても殴ったり，罵倒する言葉をなげかける……そうした状況の中で生活してきた子どもたちである。子どもたちはそうしたDVの厳しい状況に適応するため，さまざまな行動の仕方や感情の処理の仕方を学習してきている。そうした行動の中には，対人関係において，あるいは集団状況において，不適応的に機能するものもあり，周囲の大人がどう対応したらいいかわからず困る。しかし，子どもにどうかかわっていったらよいか困っているのは実は大人であって，子どもに問題のあるのではない。そうした行動を周囲の大人たちがどのようにとらえ，かかわっていくかによって，子どもたちの行動の意味が変わり，結果的に子どもの行動の仕方が変わってくるといえる。プログラムの中からいくつかの例を挙げ，大人が解決すべき課題について考えていこう。

1 ワークへの子どもたちの参加の仕方はいろいろである

1人のファシがワークの始まりを告げたにもかかわらず，集まろうとしない，「いやだ！」と言って外れる，ワークの途中にふらふらと抜け出したり，歩きまわったりする。こうした行動を取る子どもの存在にファシは「困る」と感じることがある。どう受け止めたらいいのだろう。

コンカレントグループでの子どもとのかかわりの中心は「子どもの行動を否定しない」ということである。たとえば，ワークに参加せず，部屋から出ていこうとする子どもを想定して考えよう。

「部屋から出てはいけません！」（子どもの行動の否定）とは言わない。「部屋の中にいましょう」と言う。ワークに参加しないようにみえても，部屋のどこかにいられれば，「○○ちゃんは，そこで聴いているんだね」とその行動を位置づける。それでも部屋から出たいと強く主張する子どもには「そう，部屋から出たいのね」と出たい気持ちに添い，もう1人のファシが一緒に出て一休みして戻ってくる。戻ってきた子どもには「お帰りなさい。帰ってきてくれてうれしいよ」と伝える。部屋から出たい子どもの気持ちの中には，さまざまなものが動いている。ワークの課題や活動に強い不安が生じていることもあるだろうし，嫌な思い出につながってそこから離れたいということもあるだろう。みんなと違う行動を取ることで，ファシの関心を引きたいということもあるかもしれない。ファシは，部屋を出た後，子どもと遊び始めてはいけない。ファシを独占して，そこで楽しくなっては，部屋に戻るよりも子どもにとって嬉しいことになってしまう。子どもに即しながら，「お部屋では何をしているのかなあ」とつなげる役割を取る（この場合，活動の部屋の外が子どもにとって安全であることが条件となる）。

ファシは，ワークをするとき，子どもたちが机を囲んで座って話を聴くことを期待する。席に座らず，ふらふら歩きまわったり，みんなから遠く離れて座ったりする子どもを「グループから外れた」ととらえやすい。はじめは座っていても，立ち上がって離れていく子どもがいると，ファシは不安になり，つい「ちゃんと座りましょう」と声をかけたくなる。子どもたちはワークにいろいろな形で参加する。ふらふらと歩きまわる参加もあれば，離れて部屋の隅でじっとしての参加もある。いろいろな参加の仕方をファシのネットワークで包みこめば，それぞれの参加の仕方を尊重できる。

子どもたちのそれぞれの参加の仕方を受け入れてワークを進めているうちに，子どもたちがみんな集まって元気にワークを楽しむ状況が生まれてくる。

2 わざとふざけたことを言う

ファシのもつ方向性（たとえばどんな暴力も肯定しない）に対して，ふざけて違う方向性を打ち出す（たとえば，暴力は面白い，勝てばいい，などの発言）。ここでも子どもたちを決して否定しない。今の姿を認めながら，少し先を想定してかかわる。「いろんな考え方があるね。自分の考えを言えるってとてもいいことだね」と位置づけながら先を続けていく。ファシの意図はわかっているのにそうした発言をする子どもは，否定されることで自己の存在をアピールしている。どんな行動を取っても自分が受け入れられることが大事な経験となる。

3 友達やファシリテーターに暴力的にかかわる

コンカレントのグループ活動の中で，乱暴に友達やファシにかかわる姿が，活動の初期には見えることがある。その姿を3つに分けてとらえることができる。

①自己防衛のための暴力……A君は部屋の窓についているブラインドを逆なでして大きな音を出していた。ファシが彼に近づく。ファシには彼を叱る意図などない。しかし彼はファシを見るとぶってきた。彼はおそらく叱られると思い，自分を守るために先に攻撃に出たのであろう。

②コミュニケーションの形としての暴力……グループの始まりに同年齢の男子C君の入室を見たB君は，「お前なんて来るなよ！　出て行けよ！」と体を押すなど攻撃的にかかわっていった。ファシが2人の間に入り，「ちょっと待って。新しい仲間だよ，一緒に遊ぼう」と2人の間に距離を置いた。その日はファシが2人に距離を置くように配慮して過ごしたが，翌週母親から「優しい子が来たんだよ」と嬉しそうに話していたB君の様子が語られ，B君はC君に関心をもち，近づく方法として攻撃的なかかわりをしたのではないかということが分かった。「よう！　～しようよ」「よろしく」といった言葉での関心の示し方ではなく，乱暴なしぐさで近づいていった，コミュニケーションの形のひとつとしての暴力といえる。

③問題解決の方法としての暴力……何か問題が起きたとき，暴力によって強い者が勝つという形で問題解決を図るという形は社会のあちこちで見られる。子どもたちの中でも，そうした問題解決の方法を学んできていると感じられる場面がよく体験される。DVは暴力による家族の支配であり，そうした問題解決の方法を子どもは学んできているといえる。

子どもたちがどういう文脈で暴力的あるいは攻撃的な行動を取るかを理解すると，そこでの大人のかかわりが変わってくる。「暴力はいけません」と子どもの行動を一方的に否定するのではなく，ファシが「何をしているのか知りたかったんだよ」（①），「B君はC君と遊びたいのかもしれないなあ」（②），「どうしたらいいか考えよう」（③）など，否定せずにかかわり，新たな行動の形を学習していく場としてグループは活かせる。

3——子どもたちとの関係性

コンカレントプログラムは，心理教育プログラムとグループプレイセラピーの両側面をバランスよく展開していくことが大きな特徴である。前者（心理教育プログラム）に重きを置くと，ファシが子どもに教える方向性が強まり，学校ごっこが始まる恐れがある。後者に重きを置くと，子どもたちの自発性が高まる中で，課題性が弱まってしまうことも出てくる。そうした課題を克服するために，ファシの役割分担が大切となる。教える－教えられるという二者関係にならないように，もう一人のファシの存在が三者関係を実現する。方向性機能を取るファシと，子どもたちの間で内容を促進したり（「それってこういうことかなあ」とか「ちょっと難しいねえ」など，子どもの状況に即した発言），関係を築いたり（小さな声での子どもの発言を「○ちゃんは〜って言ってます」と全体化したり）する役割を取るファシの存在が，子どもたちの自発性を尊重しながら方向性を実現することにつながっていく。また，なかなかグループに溶け込めない子どもや，離れて参加している子どもへの個別対応をしていくファシの存在も欠かせない。ファシを媒介とした関係性から，グループの発展に伴って子どもたち同士で役割を取りあう姿へとグループが発展していく。

4——自由遊びは復習の時間

子どもたちにとって楽しくてたまらない時間が自由遊びである。その中でファシは，ワークで行ったことを念頭に置きながらいっしょに遊んでいく。たとえば，「感情」について学んだ後は，遊びながら「楽しいね〜」，ゲームで負けた後に「悔しいなあ」，ちょっとしたとき「今どんな気持ち？　私は〜な気持ちだよ」と感情を言葉で表現するモデルとなる。子どもたち同士でいさかいが起きた時にも，いさかい自体をしてはいけないこととして否定せず，「ワークでどんなことをやったっけ？　今どうしたらいいんだろう」などとかかわり，自分たちで解決できたときには，大いに喜ぶ。

5——母親との価値の共有

コンカレントプログラムは，母子それぞれのグループで同じテーマを展開する特徴をもっている。そのことで，母親と子どもたちが価値観を共有することができる。フォローアップセッションで，ある母親は，自分がついカッとなって弟を叩いてしまった場面で，グループに参加していた兄に「お母さん，それは暴力だよ」と言われハッとして手をひっこめたと報告した。また，怒りの温度計を母子が共有して「今，お母さんは怒りの温度計○度だよ」と言うと，子どもも「私だって○度なんだからね」と言い，2人で笑って怒りはどこかに行ってしまったとの報告もあった。

母子が価値を共有できると，自分たちの行動の指針が両者に明確となる。プログラム参加前は，父親を追いだしたと母親を責めていた子どもが，「お父さんは暴力するから一緒に暮らせないんだね」と母親に伝えたとき，母親は涙した。「今後もいろいろあると思うけど，何とかやれそう」と母子での生活に自信をもてたのだった。

5

母グループで，女性たちに出会う

古賀絵子

女性を支援していく場合，どの場面で彼女たちに出会うかによって，その女性のDV被害経験に注目したり，母としての子育ての困難さに焦点を当てたりと，こちらが把握しようとする内容が異なってくる。そして，その女性がDV被害者でもあり，母でもあった場合，支援者の関心は，その女性の背後にいる子どもたちに向けられる。その途端，その女性がDV被害でひどく憔悴しているという事実はどこかに消え失せ，「育児において至らない母」の側面が大きくなってくる。その，「ジェンダー・サングラス」とも言える色眼鏡の強さは強烈であり，支援者側の「認知の歪み」が大いに発揮されてしまう瞬間である。母子コンカレントプログラムの母グループでは，そうした色眼鏡を外し，一人の女性の，暴力を受けた苦しみと，その影響下で子どもを育てていく大変さについて，共に考えていくことになる。以下に，母子コンカレントプログラムに参加する母たちの心配事と，グループにおいて支援者がそれにどう対応していくのが良いかについて，考える。

1——「子どもに無理に暴力のことを思い出させて，かえって悪くなるのではないか」

これは，プログラムに問い合わせをしてくる母親が非常に心配していることのひとつである。DVがあったことが子どもに大きく影響していることに気づきながらも，そのことをどう取り扱えばいいかわからず，困り果てて連絡をしてくる。母子コンカレントプログラムの子どもグループでは，子どもたちに「無理に」暴力のことを思い出させることはない。「どんなところで暴力を見たか」「何が暴力なのか」について話し合いをしたり，「あなたが体験したおうちでの暴力を絵に描いてみる」ことも提案するが，それらのテーマにどう関わるかは，最終的には子どもたちの自由である。じっと皆の様子を見ていて，ぼそっとつぶやく子も，積極的に手を挙げて答える子も，黙々と絵を描く子もいる。大切なのは，進行役であるファシリテーターが，その子の表現の仕方をとらえ，反応することである。よって，母親たちには，こちらからは子ども全体に問いかけをしたり，情報提供をしたりしていくが，子どもたちの参加の仕方を尊重する姿勢で取り組んでいくことを伝えたい。子どもたちにとって，父親から母親への暴力は，なんとも表現しがたい怖い経験であっただろう。だからこそ，その家族の一大事を「秘密」にしなくていいこと，暴力はだめだと言う大人や仲間がいること，そのことを認識することは，子どもたちに開放感と自信をもたらす側面もあるだろう。

2――「あれこれ言われたくない」

母たちは，母子コンカレントプログラムにつながる以前に，DVに関して何らかの支援を受けていることも多い。警察が介入していたり，それ以前にも心身の不調についてカウンセリングを受けていたり，シェルターに入った経験があったり，といったことがある。それらの支援を受ける中で，誰が親身になって応援してくれたのか，誰が差別的かつ押しつけがましい関わりをしてきたのかを，彼女たちは忘れていない。「逃げること」はとても考えられない状況の時も，自分の状態が「暴力を受けている」とも認識できない時もあっただろう。そうした時は，「支援者」の言葉が，正論であっても受け止められず，「余計な助言をしてくる」としか捉えられない場合もある。被害者も子どもも，DV被害と回復の段階にはそれぞれのペースがある。今，彼女たちはどの段階にいるのかを感じ取りながら，対応する必要がある。

3――「私自身，暴力は思い出さないようにしてきた」

多くの母たちは，元夫の暴力から離れるまでの間，何度も何度も思い直し，踏みとどまっている。振り返ってみれば，交際していた時も，結婚したばかりの頃も，妊娠してからも，「あれは暴力だったのかな」と思える出来事があったはずだ。しかし，「体調が悪いのだろうか」「たまたま機嫌が悪かったからか」「私や子どもが何か悪いことをしたからか」など，その都度，考え直しながら，「事を荒立てないようにしながら」，やってきているのである。「とにかく子どもたちが成人するまでは」と覚悟を決めて，「考えない」ように努力してきていることも多い。それが，いよいよ離れるべきと判断せざるを得ない事態があり，母子での生活を始め，プログラムにつながった時に，「さあ，暴力について話そうか」という気分になることは難しいだろう。「死ぬほどの目にあったわけでもないし，私なんかが暴力を受けたと言っていいのだろうか……」という声もよくある。母たちにとって，考えないことや話さないことは，生き延びるための手段であった。しかし，危機から離れ，安全な場所で，押し込めてきた記憶について話し，他のメンバーに受け止めてもらう経験は，子どもたちと同様，母の人生の中であいまいになっていた部分に明確に光を当て，そこを生き延びたからこそある今を肯定するきっかけになるかもしれない。支援者は，「どのような経験でも，話せるところからで大丈夫」という姿勢で母グループに臨みたい。

4——「子どもが元夫にそっくりでつらい」

DVを受けた母たちにとって，子どもは最大限に守りたい存在でありながら，どこかで，自分の辛さについての最大限の理解者であってほしい，という思いもある。しかし，母子コンカレントプログラムにつながった時，すでに，子どもたちはさまざまな問題行動を呈していることがあり，母親に暴言を吐いたり，家に引きこもってオンラインゲームから離れられなかったり，学校で友人と対立しがちになっていたりする。そうした子どもの行動は，母にとって，「夫にそっくり」な嫌悪の対象であり，「元夫の暴力についてあの子は知っているはずなのに，なぜ同じようなことをして，私を苦しめるのか」という疑問を生じさせる。母グループでは，母たちの率直な思いをじっくり聞き，その苦しさについて皆で共有した上で，「お父さんにそっくり」というセリフは絶対に子どもたちに言ってはいけないことを，機会を見ながら伝えていく。父に似ている部分は，子どもにはどうしようもない部分である。何より，父と子どもは親子かもしれないが，別々の人間である。母は，支援を受けていく中で，子どもは，親とは異なる人格を持った一人の人間であること，親には子どもを守り，育てていく責任があるが，子どもには子どもの人生で自分のためになすべきことがあり，それに集中できるように大人が支える必要があることを，皆で再確認していく。

子どもが父親による暴力で殺害されるという事件が起きた場合，その背景に父親から母親へのDVが存在することがある。その場合，「暴力から逃げなかった母」や，「夫の暴力から子どもを守らないどころか，時には共に虐待していた母」の「落ち度」が責め立てられるということがよくある。ともすれば，専門家であるはずのDV被害者支援員ですら，そうした考え方を内面化していることがある。「なぜ早くDVから逃げなかったのか」「母親こそが子どもを守るべき存在である」「加害者は絶対に変わらないから仕方ない」といった考えは，一番の弱者である子どもをいち早く守りたいという正義感から発せられる言葉かもしれない。しかし，それらの考えは，本来，暴力の責任を引き受けるはずの加害者から目を背けようとする支援者自身の不安や恐怖とからみあい，暴力が生じることも，そこから脱することも，全ての責任を被害女性に押しつけるジェンダー差別的な視点と表裏一体となって，母親たちを攻撃する。

母子コンカレントプログラムを実施するにあたって，支援者は，こうした差別的な視点を手放し，後に示すような母グループと子どもグループの原則を踏まえ，母子の回復を支えていく必要がある。

II

グループを実施するために

1

母グループと子どもグループの原則

1――母グループを運営していく上での原則

①「母が子どもたちの視点で物事を考えること」を支える

本プログラムの第一目的は，子どもたちが暴力の経験を語り，暴力の責任について理解し，安全に生活する方法を学ぶことである。その学びは，同様のテーマで学習している母が，子どもたちと共通の認識を持つことで，より強固なものになる。支援者は，母が子どもの経験を振り返り，さまざまな感情に揺れながらも子どもたちを支えていけるようになる過程に伴走する。

②母親たちが「暴力的な関係から離れ，安全な生活を選ぶという前向きな選択をした」ことを認識できるよう援助する

母親たちが，暴力のある生活であってもそこに留まらざるを得なかったのには，さまざまな理由がある。母グループでは，それらの理由について話し合うと共に，いかなる場合でも，暴力はふるった側の人間に責任があることを，母親たちが理解できるように促す。

③母親たちの孤立感をやわらげる

暴力は，母親の心身のみならず，母親と子どもとの関係性も破壊する。暴力は母親の養育能力を奪い，父に暴力をふるわれる母を見ている子どもは，父親と同様に母を尊重しなくなる場合も少なくない。そうした子どもがさまざまな問題行動を呈

した場合，母が対処することはますます難しくなり，暴力で孤立させられた環境の中，さらに悩みを深めることになる。支援者には，母親が自身の経験を話し，同様の経験をした母親たちやスタッフに受け入れられる経験をすることで，孤立感を低減させられるように，安全なグループ環境を作っていくことが求められる。

4 母子の安全のために，個別の状況に合わせた情報提供を続ける

プログラムへの参加は，回復のスタート地点に過ぎず，暴力的な関係から離れた後も，母子はさまざまな困難を抱えていることがある。プログラムでは，暴力的な関係の力動についての知識を提供し，DVについて母親たちを免責することで，母親たちが自信と強さを感じられるように支援する。同時に，グループで得られた経験を元に，母親たちが子どもたちと再びつながり，支援者や他の母親たちとつながり，地域の中の必要な資源とつながっていくことが大切である。そのためには，支援者は，継続的に，母子の回復に資する情報提供を行い，母親たちがそれらを子どもたちとの安全な生活に活かせるように支援する。

2——子どもグループを運営していく上での原則

母子コンカレントプログラムにおける子どもグループの目的は，安全で治療的な方法で，子どもたちが，家族で起きたことを乗り越えられるような機会を提供することである。より詳しく述べると，以下のような目標を含んでいる。

1 母親と父親の間で起きたことは子どもたちの責任ではないことを理解する

子どもたちの中には，自分のせいで父親と母親が争ったり，母親が暴力を受けていたと自責感や罪悪感を強くしている子どもや，父親と母親の諍いを止められなかった自分を責めている子どももいる。「僕がちゃんと勉強しなかったからお母さんが怒られた」「私が〜したからお父さんが怒ってお母さんを怒鳴った」「止めればよかったけど，怖くてできなくて部屋の隅にいた」といったとらえ方をして傷ついている。プログラムを通して父親と母親の間に起こったことは子どもの責任ではないことを理解すると，「わかってよかった」「ほっとした」「楽になった」といった発言をする子どもたちがいる。

2 子どもたちに自分の体験を話す機会を持ってもらう

グループという形式をとることにより，子どもたちが同様の体験を持つ子どもた

ちとわかりあい，自らが体験したDVや虐待やその影響について理解し，気持ちの整理をする機会を持てるようにする。

③さまざまな感情があってよく，自分の感情表現の仕方を学んでいく

DVの起きる状況で生活してきた子どもたちの中には，自分の感情を抑え込んだり，感じないことにしながらやり過ごしてきた経験を持っている子どもがいる。私たちにはさまざまな感情があり，どのような感情も持つことは自然である。そうした感情の中には怒りなど否定的な感情もある。子どもが他者に対して感情的・暴力的になることなく，尊重し合う関係を築いていけるように，感情をコントロールするスキルを仲間と共に考えていく。

④将来，自分の身を守るための安全を確保する方法を知る

グループが終了した後にも，子どもたちは生活の中で，困ったこと（問題）に出会う場合があるだろう。そうした時に，自分一人で抱え込まずに，誰かに相談することの大切さを学ぶ。また，時には危険を伴う問題に出会うこともあるだろう。そうした時に助けてくれる人や組織についてもしっかりした情報を持っていることが大切である。

⑤暴力や父親のこと，あるいは引っ越しなどにより生活状況が変化したことについて母子の間で話すことができるようになる

グループ活動をきっかけに，こうしたコミュニケーションが取れるように助けることで，母子関係の回復プロセスを促進する。

2

開始前の準備

1——グループ参加メンバーの募集と1回目のインテーク（母親への説明会）

プログラムへの参加を希望する母親から，メールや電話で応募を受けつける（申込書（p.43）参照）。DV被害を受けてきた母子は，孤立していたり，他者とのかかわりに消極的になっている場合も多い。そのため，母親の援助を行っている民間援助機関，加害者である父親の相談機関，子どもの相談機関，自治体，他の参加者からの誘いなど，信頼できる第三者や援助機関からの紹介が有効である。担当者は母親と直接連絡を取り，1回目のインテーク日程を調整する。1回目のインテークでは母親のみを対象とし，子どもは参加しない。目的はプログラムの説明を詳しく行って母親の意向を確認することである（資料①／p.40）。また，子どもへの誘いのチラシを渡し，母から子どもに説明して参加を動機付けるよう依頼する（資料②／p.40）。

2——2回目のインテークにおける参加意思の確認（母子への説明会）

プログラム開始に先立つ数週間前に，2回目のインテークとして母子への説明会を行う。

1 母子同室での活動

母子同伴で実際にグループを行う部屋に案内し，まずスタッフが自己紹介を行う。

資料①：母親のインテーク用紙

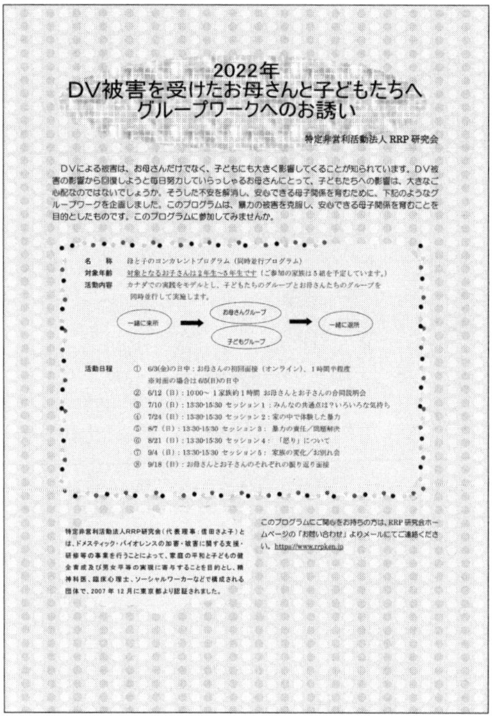
2022年
DV被害を受けたお母さんと子どもたちへ
グループワークへのお誘い

特定非営利活動法人 RRP 研究会

DVによる被害は、お母さんだけでなく、子どもにも大きく影響してくることが知られています。DV被害の影響から回復しようと毎日努力していらっしゃるお母さんにとって、子どもたちへの影響は、大きなご心配なのではないでしょうか。そうした不安を解消し、安心できる母子関係を育むために、下記のようなグループワークを企画しました。このプログラムは、暴力の被害を克服し、安心できる母子関係を育むことを目的としたものです。このプログラムに参加してみませんか。

名　称　母と子のコンカレントプログラム（同時並行プログラム）

対象年齢　対象となるお子さんは2年生～5年生です（ご参加の家族は5組を予定しています。）

活動内容　カナダでの実践をモデルとし、子どもたちのグループとお母さんたちのグループを同時並行して実施します。

一緒に来所 → お母さんグループ／子どもグループ → 一緒に退所

活動日程
① 6/3(金)の日中：お母さんの初回面接（オンライン），1時間半程度
※対面の場合は 6/5(日)の日中
② 6/12（日）：10:00～ 1家族約1時間 お母さんとお子さんの合同説明会
③ 7/10（日）：13:30-15:30 セッション1：みんなの共通点は？いろいろな気持ち
④ 7/24（日）：13:30-15:30 セッション2：家の中で体験した暴力
⑤ 8/7（日）：13:30-15:30 セッション3：暴力の責任／問題解決
⑥ 8/21（日）：13:30-15:30 セッション4：「怒り」について
⑦ 9/4（日）：13:30-15:30 セッション5：家族の変化／お別れ会
⑧ 9/18（日）：お母さんとお子さんのそれぞれの振り返り面接

特定非営利活動法人RRP研究会（代表理事：信田さよ子）とは、ドメスティック・バイオレンスの加害・被害に関する支援・研修等の事業を行うことによって、家庭の平和と子どもの健全育成及び男女平等の実現に寄与することを目的とし、精神科医、臨床心理士、ソーシャルワーカーなどで構成される団体で、2007年12月に東京都より認証されました。

このプログラムにご関心をお持ちの方は、RRP 研究会ホームページの「お問い合わせ」よりメールにてご連絡ください。https://www.rrpken.jp

資料②：子どもへの誘いのチラシ

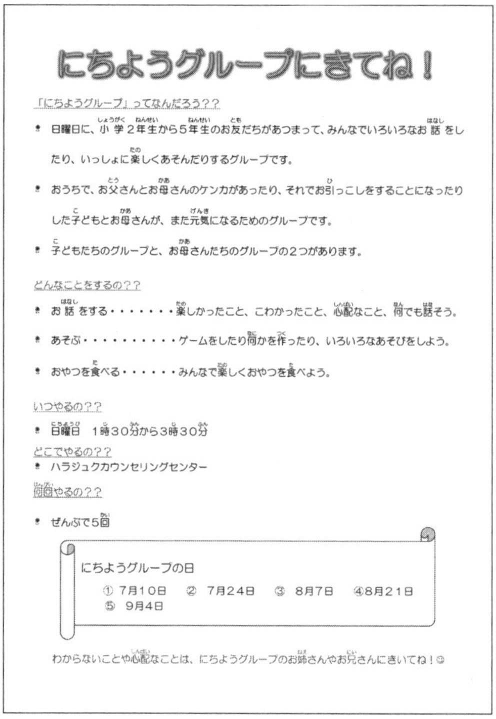
にちようグループにきてね！

「にちようグループ」ってなんだろう？？
- 日曜日に、小学2年生から5年生のお友だちがあつまって、みんなでいろいろなお話をしたり、いっしょに楽しくあそんだりするグループです。
- おうちで、お父さんとお母さんのケンカがあったり、それでお引っこしをすることになったりした子どもとお母さんが、また元気になるためのグループです。
- 子どもたちのグループと、お母さんたちのグループの2つがあります。

どんなことをするの？？
- お話をする・・・・・・・楽しかったこと、こわかったこと、心配なこと、何でも話そう。
- あそぶ・・・・・・・・・・ゲームをしたり何かを作ったり、いろいろなあそびをしよう。
- おやつを食べる・・・・・・みんなで楽しくおやつを食べよう。

いつやるの？？
- 日曜日　1時30分から3時30分

どこでやるの？？
- ハラジュクカウンセリングセンター

何回やるの？？
- ぜんぶで5回

にちようグループの日
① 7月10日　② 7月24日　③ 8月7日　④8月21日
⑤ 9月4日

わからないことや心配なことは、にちようグループのお姉さんやお兄さんにきいてね！☺

母子同席で，子どもにグループの説明を書いた紙（資料②）を示し，グループの目的を話す。たとえば「このプログラムは，家のなかで暴力を受けたお母さんと子どもが，いろいろお話ししたり，遊んだりして元気になるためのものだよ」と伝える。そして，プログラムの説明を簡単に行う。母親が同席しているこの場で，子どもにこのプログラムでは暴力の体験を話してもいいという原則を確認することが重要である。というのは，加害男性から離れてきた母親のなかには，他の人に暴力の話をしないように子どもに伝えている場合があるためである。プログラムの内容を伝えた後には，子どもに参加意思を確認し，名札を母子おのおのが一緒に書く作業を行う。いろいろなサインペンや色鉛筆，デコレーションするシールなどを使って，最初の楽しい作業として感じてもらうようにする。子どもに本名以外の名前を名乗らせている場合もあり，グループ内での呼び名をどうするかなどもこの名札作りの時に確認することになる。母親もグループのスタッフも同様に，呼ばれたい名前で名札を作り，シールなどで飾る。

2 母子別室での活動

次に，母子が別々の部屋に行き，それぞれに対して説明を行い，参加意思を確認する。

子どもに対しては，あらためて，この会が父親からの暴力を受けた母親と子ども

の参加するプログラムであること，1週間に1回，グループに来て暴力や気持ちのことを話し合ったり，楽しい遊びをしたりして，母子で元気になるためのものであることを説明する。そして，子どもグループの担当者と実際に遊び，楽しい雰囲気を伝え，スタッフにも慣れてもらう。

母親に対しては，プログラム参加の意思が確認された後，以下の内容の面接や説明，自記式心理テストによる心理評価を行う。面接の内容は，プログラムにおける目標，暴力に対する理解，子どもの精神状態や行動上の問題などを聴取したうえで，以下の心理テストなどを参考に，2〜3種のアセスメントを実施することもある。

- ACBL-R（Abused Children's Behavior Checklist Revised）：虐待された子どもの行動チェックリスト（改訂版）
- TSCC（Trauma Symptom Checklist for Children）：トラウマ症状チェックリスト
- FDT（Family Diagnostic Test）：家族診断テスト
- GHQ（GHQ精神健康調査票）：ストレス症状の評価
- IES-R（改訂版出来事インパクト尺度）：外傷後ストレス症状に関する評価
- CTS2-(15)（短縮版Conflict Tactics Scale）：DV被害に関する評価
- DVや家族関係に関する子どもの意識に関する質問票（p.199参照）

こうしたテストは，それぞれの母子の対応上のポイントを明確にするために行われる。また，プログラムの有効性の検証という意味もある。母子説明会で心理テストの実施について了解が得られたら，持ち帰ってもらい，記入して初回までに持参してもらうという方法もあるが，テストの内容が過去の暴力を想起させるものであるため，大まかな内容について知らせておく必要がある。また，子どもグループではおやつを出すため，子どものアレルギーの有無を確認しておく。

表①：日本版母親グループのテーマと内容

	テーマ	内容
第1回	つながりを作り，沈黙を破る	プログラムの目的を理解し，これまでの経験を分かち合い，お互いを知る。
第2回	多くの感情を大切にすること	暴力的な関係の影響から回復するプロセスで体験するさまざまな感情を肯定し，認めることの重要性に気づく。
第3回	父親から母親に対する暴力による子どもへの影響	子どもの行動に目を向け，父親から母親に向けられた暴力の影響について理解する。
第4回	父親から母親への暴力の責任について理解する	暴力の責任は，加害者にあることについて理解し，自責感を減らしていく。
第5回	対立や怒りを理解し，子どもの健康的な怒りの表現をサポートする	子どもが表出する怒りやその他の感情を理解し，健全に表現できるように，母親がサポートできるようにする。

第6回	喪失を悼み，新たなつながりを育てること	母親が暴力の影響で喪ったものを回復するプロセスで感じられるさまざまな感情の表出を支え，母親は子どもの回復のモデルになることを強調する。
第7回	セルフケアの重要性を伝え，ここまできたことを祝福し，前に進む	健全なセルフケアの重要性を知り，それが母親としての能力を高めると同時に，子どもの自尊心を高めるための強いメッセージになることを知る。ここまできたことを祝い，別れを支える。

表②：日本版子どもグループのテーマと内容（7〜12歳グループに準拠）

	テーマ	内容
第1回	互いに知り合い，暴力について考える	• グループの目的を理解する • 互いに知り合い，自分が一人ではないことを体験する • さまざまな虐待や暴力の種類について理解し，家のなかで起こっていた虐待について，秘密を明かすことを助ける
第2回	さまざまな感情の理解	• メンバーが，自分の感情を表現する語彙を増やすのを助ける • メンバーが，自分の感情を自覚することを助ける • 話をするときに感情をどのように話すかを学ぶ
第3回	家族のなかで体験した暴力	• 家族のなかでの傷つき体験を話す • 自分は一人ぼっちではないということを知る • メンバーから聞いたことを受けとめ，メンバーの被害体験を承認する
第4回	暴力の責任と理解／さまざまな問題解決	• 両親の間で起きた暴力について，メンバーには責任がないことを理解する • 自分の行動の個人的な責任に気づく • 誰でも問題を経験するということを理解し，問題解決の仕方を考える
第5回	怒りの理解と表現	• メンバーが怒りを感じてよいということ，怒りは自然な感情であることを理解する • 怒りを感じたからといって，人を傷つけてはいけないことを理解する
第6回	暴力が起こったときの家族の変化／私の安全計画（性的暴力の防止）	• 家での暴力によって起こる生活の変化を自覚・認識する • 安全かつ信用できる人と場所を見つけることを助ける • 助けてくれる場所や人への連絡方法を知る （• メンバーに性的暴力に関する知識を提供する）
第7回	自己尊重とお別れパーティー	• 子どもたちの自己尊重と自尊心を高める • 子どもたちが適切にグループを終結できるようにする

母子コンカレントプログラム申込書

受付日：

母	名前	ふりがな
子ども	名前	ふりがな
ご住所	〒	
お電話番号		
メールアドレス		
このプログラムをどこで知りましたか。		
現在，他の相談機関，医療機関を利用していますか。		
現在，家族のことで気になることがありましたら，お書き下さい。		

☆メール宛先：

☆電話・FAX番号：

☆郵送先：

3

同時並行グループの構造

1——実施回数・期間

プログラムのオリジナル版が実施されていたカナダでは，週1回90分間，全12回1クールであった。しかし，日本版では，カナダのプログラムの内容全体をカバーしながら，週1回120分，全7回とした。

2——実施場所

グループが実施される部屋の多くは多目的に使われているスペースであることが多い。しかし，ファシリテーターの創造性と想像性がわずかでも加わると，楽しく，温かな空間になる。セッション中，グループルームは参加する母親や子どもたちが占有できるプライベートな空間として守られなくてはならない。ファシリテーターはグループ中に誰かがドアをノックしたり，部屋に入ってきたりしないことなどを前もって確認しておかなくてはならない。理想的には，参加者たちが居心地よく円になって座ったり，そのほかどのような形でもお互いの顔が見渡せるような形に設定するとよい。

3——グループの大きさ(人数)

グループの人数は，5〜8組の母子が望ましい。

4――セッションの構造

グループに参加する母親たちは，子どもと一緒に来て，別室に分かれて活動する。

5――母親グループの展開

①はじめに：この1週間の子どもとのかかわりを含め，感じたことなどを話す。
②チェックイン：基本的に短い時間で，セッションのテーマに関連することを話してもらう。
③今週のテーマ：テーマに関する発言は，〈子どもの目を通して考える〉を基本としている。すなわち子どもの視点で家族のなかでの出来事を見直すこと，子どもの経験を理解するために，自分の受けた暴力についても考えていくことが母親たちに求められる。
④子どもグループのセッション報告：子どもグループのセッションの内容や資料などを紹介する。
⑤チェックアウト：感想のほか，今回のセッションで学んだことを参考にして，子どもにどのようにかかわりたいかをたずねる。

6――子どもグループの展開

①チェックイン：ガイドライン（子どもたちと決めた集団のルール）を確認する。守秘性のシンボルである「宝箱」(p.95) を開ける儀式，今の気持ちのカード選びなどを行う。
②グループワーク：その日のテーマにあわせたワークや話し合い，心理教育的活動。
③おやつ
④自由遊び：自分の好きな遊びをする。グループプレイセラピー的な要素がある。
⑤チェックアウト：グループの感想を言う。宝箱を閉める儀式，終了のワークを行う。

4

スタッフ体制と求められる役割

1――母親グループのファシリテーター

“Facilitate（ファシリテート）”という動詞の意味は，何かを「やりやすくする」ことである。ファシリテーターの役割は，母親たちが自分たちのプロセスを進みやすくしていくことといえるだろう。ファシリテーターが中心になって先導したり，指導したりするわけではない。

ファシリテーターには，DV被害女性と直接かかわった経験と，暴力に曝された子どもたちへの影響を実践的に理解していることが求められる。同時に，グループの発展を図るマネジメント力も必要であり，そうした力は実際のグループ活動のなかで育んでいくことができる。

ファシリテーターは，原則として，2〜3人のチームでかかわることが望ましい。それは，プログラムのテーマに即してグループの方向性を維持していく機能と，その方向性を受け止めながらも，同時にメンバーの感情や状況に気を配り，話し合いの内容を促進していく機能，また，周辺的な出来事（たとえば，子どもグループからの連絡や，遅刻してきた人の受け入れ，物の準備など）を適切に処理する機能とを複数名で分担することができるからである。その他に記録者が陪席する場合には，メンバーの了解を得ることが必要であることは言うまでもない。

プログラムの目的は母親たちが子ども中心の観点からDVに関するさまざまな知識を得ていくことであり，同時に母親として，虐待を経験した女性として，得られた知識を生活のなかで活用する力を獲得していくことである。ファシリテーターは母親たちがグループで得た情報を活用できるように，個々のニーズ，状況について継続的なアセスメントを続けていくことが必要である。

2——効果をもたらすグループファシリテーション

ファシリテーターは下記の点に注意しながらグループを行うと，効果的である。

- 個々の現在の状況を受容する。決して否定しない。
- ともに取り組み，学ぶため，安全で前向きなグループの雰囲気を維持する。
- テーマに関する情報を適切に投入する。
- 全員が参加できるような機会を作る。
- グループのなかで，中心になりすぎる参加者に配慮する（受容しながらも，グループ全体を考えてもらうための働きかけが必要となる）。
- 控えめなメンバーに，参加を促す（パスを認めながらも，自分の意見を発言する機会を必ず用意する）。
- メンバーによって作られたガイドラインをメンバーが遵守できるようにする。
- グループがその日のテーマから外れないようにする。
- グループで何も意見が出てこないときには，話し合いができるよう誘導する。
- 適宜，ファシリテーター自身の経験や資源をシェアする。
- グループが発展していくことに目を配り，それを後押しし，ともに取り組む方法を考慮する。
- 問題解決の相談に乗る。
- グループを進行しつづける。
- メンバーが課題に集中できるように助ける。
- メンバーが自分の考えを発表できるよう促す。
- “個人に焦点をあてる”のではなく，“グループである”という特徴を維持する。
- 十分な言葉でメンバーからの発言を支持し，フィードバックする。
- グループプロセスを観察する。
- 攻撃からメンバーを守る。
- 葛藤に目を向け，解決することを手伝う。
- 挑戦的な行動にうまく対処する。

3——子どもグループのファシリテーター

子どもグループには，3人のファシリテーターが加わることが望ましい。さらに，記録や準備に関するスタッフがいれば，なおよい。

1 ファシリテーターチーム

ファシリテーターは，3人のなかに1人の男性が加わるとよい。子どもたちは，DVに曝されてきたため，男性に対する恐怖が強い場合がある。ファシリテーターに女性のみでなく男性が加わっていることで，暴力的でない男性像や平等な男女の関係性を示すことができ，有益である。

2 ファシリテーターの役割

ファシリテーターは，以下のような役割を担う。

- 毎回のセッションでは，暴力，怒り，喪失についてなど，子どもにとって厳しい内容について学ぶ。ファシリテーターは子どもたちの気持ちを確認し，表現することを促す。
- 子どもたちは，自分の気持ちを知り，感情というものがどれほど大切かを理解する。激しい感情をどう取り扱うかについて，楽しく，子どもを中心とした活動を通して探索することを援助する。
- 役割モデルや遊びを通して前向きな問題解決を行うことで，子どもたちはグループで学んだ新しいスキルを練習することができる。
- グループのガイドラインを一緒に作り，これを用いて安全で予測可能な環境を生み出し，子どもたちが安心して経験を共有できるように導く。

3 グループの発展を促すリーダーチーム

集団の発展をもたらす機能を3つに分けることができる（故松村康平氏の創始した関係学より）。それは，①方向性機能（集団の進む方向を示す機能），②内容性機能（方向性の内容を具体化し促進する機能），③関係性機能（個に即しながら集団内の関係とつなげたり，集団の外との関係を受け止めたりする機能）である。3人のファシリテーターは，そうした機能を分担しながら集団の発展を促していく。役割は固定的なものではなく，チームとして集団に必要な役割を機能的に取り合っていくことが重要である。

4――記録や準備のための援助スタッフ

グループ活動の記録を行うメンバーをおく。また，分担して，玩具やお菓子，ワークのための材料を準備する。

III

母親グループのセッション

Session 1

つながりを作り，沈黙を破る

目標

- 暴力についての理解を促進する。
- 子どもたちには暴力に曝(さら)された影響があることをふまえながら，「どのように子育てをしていくのがよいのか」について，理解や知識を深める。
- 母親自身が“沈黙を破って”お互いのDV被害の経験を分かち合い，相互の「つながり」の感覚を得ることで回復が促進される。それが子どもたちのグループ体験を強化し，子どもの回復やトラウマ解決に役立つことを知る。

事前準備

□机の周りに，椅子を輪になるように配置する。参加者がくつろげるような，居心地のよい空間を作る。

□ちょっとしたお菓子や飲み物があると気楽にくつろぐことができる。参加者同士が互いに知り合うことを促す。

□当日のセッションの流れを「本日の予定」として紙に書き，壁に貼っておくことで，参加者は事前に今日行うことについての情報を得ることができ，不安が軽減される。

□文房具：模造紙3枚（ガイドライン，DVとは何か，身体・精神・性的暴力），A4サイズの色画用紙を人数分（「紙の人」作りに使用する），はさみ・サインペン・セロテープ（掲示用）

□毎回，ホワイトボードなどに模造紙を貼って，話しながら記入していくことができると便利である。母親たちの意見が書き込まれた模造紙は，ガイドラインとともに，毎回，室内に掲示していけるとよい。

□配付資料1「権力と支配の車輪」，配付資料2「平等の車輪」を人数分用意する。

□母親の配布資料をとじるためのファイルを人数分用意し，セッションが全て終わったら持ち帰ることができるようにする。

□子どもグループの資料：本日の子どもグループの内容を把握しておき，子どもグループの資料で母親たちにも配付するものがあれば用意する。

□子どもグループの報告にあたって，子どもグループのスタッフが何時頃に母親グループの部屋に来られそうかを確認しておく。

チェックイン「グループのはじまり」(20分)

①子どもと別れて部屋に入るとき，母子合同初回面接時に作成した名札をつけてもらい，好きなところに座ってもらう。

②ファシリテーターから，自分の名前やこれまでの経験などについて，簡単に自己紹介する。

③参加者に名前などの自己紹介をしてもらう。

④ファシリテーターより，使用する施設の利用方法などについて案内する。

⑤グループの流れを大まかに説明する。これから毎週，どのように進められていくか，「本日の予定」を元に，毎回のグループの標準的な実施形式「チェックイン」「テーマ」「グループワーク」「チェックアウト」について話す。

⑥子どもグループの流れや，母親グループのテーマとの重なりについて説明し，子どもたちの視点からDVについて考えることの重要性についても話す。

⑦安心してグループに参加するためのガイドラインを作る。

- ファシリテーターは“この場に安心して参加するためには，どのようなガイドラインを作るとよいでしょうか？”と母親たちに尋ね，模造紙に意見を書き出していく。
- 書かれた意見を皆で話し合い，グループのガイドラインを決める。ガイドラインを書き出した紙を部屋に貼り，次回以降もここに付け加えたいことがあれば加えられることを話す。
- ファリテーターは，子どもグループでも守秘義務を取り入れた参加のガイドラインを作成していることを伝える。また，グループに参加している他の子どもたちのことは尋ねずに，自分の子どもたちがグループで何をしたのかを聞くことは構わないことを伝える。

⑧ファシリテーターは，このグループへの希望や期待について，母親たちに尋ねる。

（必要なもの：模造紙1枚，サインペン）

MEMO

ガイドラインとは，指針・指標という程度の意味である。ルール（規則）とすると硬い印象があるため，ガイドラインという言葉をオリジナルマニュアルの通りに用いている。ガイドラインを作る際には，母親たちからは意見が上がるのであまり心配はないが，メンバーの話を聞く，批判をしない，グループで聞いた他のメンバーの話は外で話さないといった内容が盛り込まれるようにする。

グループワーク1「つながりの力」(25分)

「紙の人」作り

ファシリテーターは，“これまであなたを支えてきてくれた人たちや，ここにつながったきっかけを作ってくれた人たちを心のなかで思い浮かべてみてください。また今日はここに誰と一緒に来たら心強いかなどを，思い浮かべてもらってもよいです。その人たちはどんな人ですか？”と母親に呼びかけ，考えてもらう。

“思い浮かべることができたら，思い浮かべた人と自分を含めた人数分の「紙の人」を作ってください”と，「紙の人（Paper People)」の作り方を説明する。

（必要なもの：A4サイズ色画用紙人数分，はさみ，サインペン）

「紙の人」作成方法

- 1枚の紙（A4サイズ色画用紙）を人数に合わせて，アコーディオン折りにする。
- 折って縦長になった紙に，ヒト型の「紙の人」を書き，手の部分だけは切り離さず，ほかは切る。ファシリテーターがあらかじめ見本を作っておき，それを見せながら説明するとわかりやすい。
- 紙を広げると，「紙の人（Paper People）チェーン」ができる。それに目や口を書き加えるなど，自由にアレンジしてよいことを説明する。

「紙の人」ができあがったら，母親たちそれぞれの「紙の人」について話してもらう。それによって「私は一人ではない」こと，他者と「つながっている」ことを感じてもらう。

MEMO

暴力的な関係から抜け出ても，母親たちは孤独と虐待の結果から生じる疎外感に苦しむ。多くの母親は暴力から逃れるため，これまで培ってきたさまざまな援助ネットワークを失い，孤独を感じる。「紙の人」を使ったグループワークのポイントは，母親たちが

「自分はたった一人」と思う気持ちから，すでに生活のなかにあるサポートやつながりを認識できるように，シフトすることである。多くの母親は，自分たちは完全に一人ぼっちで，サポートネットワークがないと思っている。しかし，たとえほんの少しであっても，グループの外につながりがあると感じることで，孤独感が少なくなっていく。そして肯定的で，虐待的ではない関係を共有することができる他の大人がいると感じられるように促す。さらにこのような手作業によって，お互いに教え合い，協力することで，初対面の母親同士，楽しい雰囲気が醸し出される。

グループワーク2「あなたのことを知る」(15分)

母親同士で情報を共有し，それによってお互いに親しくなることを目的としたグループワークである。隣同士や2つのグループに分かれて，お互いに知りたいことについて質問し合う。このグループワークは単純だが，孤独感を減らしていく最初のステップとしてとても重要である。

- 母親たちには，子どもグループでもこのグループワークが行われていることを伝える。
- メンバーに質問したいと思うことをいくつか思い浮かべてもらう。
  質問例：ニックネームはある？
  どうしてその呼び名なの？
  子どもは何人？　年齢（学年）は？
  好きな活動や趣味はある？
  好きな動物は？
- ファシリーテーターが適宜指示し，隣同士や2つのグループに分かれる。
- ファシリテーターは守秘義務に関するガイドラインを伝えながら，“これから皆さんにお互いに質問しあってもらいますが，聞かれて答えたくないときには，「パス（答えない）」と言うことができます”と話す。

グループワーク3「DVとは何か」(30分)

このグループワークの目的は，女性たちが安全で快適な状況においてDVについて話せることであり，その実施方法は，子どもグループのものと同様である。

- ホワイトボードなどに2枚の模造紙を貼っておく。2枚目は縦に3分割しておく。
- ファシリテーターは，以下のように質問する。
  “DV（ドメスティック・バイオレンス）とはどういう意味だと思いますか？”
  “DVを受けているという時に，我々はそれをどんな風に説明しますか？”

- 1枚目の模造紙のタイトルに“DVとは……”と書き，母親たちの意見を書き出していく。
- 母親によっては，これまで受けてきたことがDVであると気がつかないこともある。その場合，ファシリテーターは次のように質問し，暴力への認識や理解を促す。
“DVが母親のパワーを奪い，自分が役立たずだと思わせるものだとします。すると，加害者は，そう思わせるために，どんな手段をとっていると言えるでしょう？”
- 母親たちの発言をもとに，2枚目の模造紙にタイトルをつけないまま，3つの欄に身体的・精神的・性的暴力に分けて書いていく。場所に余裕があれば，3枚の模造紙を使って書いてもよい。
- 意見が出尽くしたら，ファシリテーターは，“3つに分けて書き出されているのはどうしてだと思いますか？”と質問する。
- 答えが出たら，3列に分けた模造紙の上部に，それぞれ，「身体的暴力」「精神的暴力」「性的暴力」とタイトルをつけ，DVを分類してとらえることを示す。また，配布資料1「権力と支配の車輪」を見ながら，DVの本質は，車輪の中心に書かれたように，「権力と支配」の維持であること，車輪のなかの行為は，そのための手段であることを説明する。一方で，配布資料2「平等の車輪」は，「相手との尊重しあえる関係」を築き，維持するための行動を示していることを伝える。
- DVとは何かをより明確にするために，母親たちが自分の経験から具体例を挙げるようであれば，話し合いを続ける。
- ファシリテーターは，次のように伝え，暴力について話すことの意義を説明する。
“「支援者や信頼できる人々に，どのように自分の話を聞いてもらって，信じてもらって，支援されるか」ということが，回復のためのもっとも重要なステップです”

（必要なもの：模造紙2～4枚，配付資料1「権力と支配の車輪」，配布資料2「平等の車輪」）

MEMO

暴力を受け，支配されてきた母親たちは，自分の選んだやり方で子育てをできず，その結果，孤独を感じ，助けがないといった気持ちに陥る。グループのなかで母親たちは，同じように暴力を受け，子どもが暴力に曝された経験を持つ他の母親と話し，支えられることで孤独感が低下する。「権力と支配の車輪」は，多くの加害者が，母親を孤立させるために使う手段を説明するための，有効なツールである。

本日の子どもグループの内容紹介（15分）

- 子どもグループの担当者が，本日の子どもグループの活動を紹介する。
- 子どもグループがどのようなガイドラインを作ったのかについても説明する。「他のメンバーが何を話していたのか」を子どもたちが伝えることはないが，グループでどんなことをしたのか，学んだのかといったことは聞いたり話したりしてよい，という母子双方の「守秘義務」についても母親たちが理解できるように伝える。

- 個々の子どもの情報を提供することはないが，活動内容に対し，子どもがどんな反応を示していたかなどを全体的に報告する。
- 母親からの質問に答える。

チェックアウト（15分）

- 本日学んだことを参考に，母親が子どもをサポートするのにやってみたいこと，やってみてもいいと思っていることを簡単に話してもらう。ファシリテーターは常に，子どもとどう関わるかという点に注意を向けてもらえるよう心がける。
- グループに参加した感想を述べてもらい，気持ちを落ち着かせ，子どもを迎える準備をする。

Session 2

多くの感情を大切にすること

目標

- DVによって受けたダメージから回復する過程では，母子共にさまざまな感情を体験する。そして，良い感情ばかりでなく，難しい感情も含めて語り，認めることが大切であることを知る。
- 子どもの感情を受け止め，それが意味するメッセージを母親が理解することが重要であると知る。
- 母親が肯定的な感情も否定的な感情も体験し，サポートを受けながら自分自身を大事にしていると子どもに示すことは，とても良いモデルになることを理解する。
- 子どもたちは，自分の感情をうまく扱えず，自分が気持ちを伝えることで問題や葛藤が生じると思い，母親を気遣っているということを知る。

事前準備

□部屋を整える（椅子と机，名札，飲み物，花，お菓子などを並べる）。
□「本日の予定」を壁に貼っておく。
□グループのガイドラインや，これまでのセッションで作成した模造紙を部屋に掲示しておく。
□机の上に「動物カード」を並べておく（「動物カードの作り方」(p.103) 参照）。
□「氷山と船の絵」を描いた模造紙を2枚用意し，貼れるように準備する。
□配布資料3「氷山の絵」を人数分用意する。
□チェックイン時の「動物カードが象徴する気持ち」を書くために，模造紙を1枚用意する。
□本日の子どもグループの内容を把握しておき，子どもグループの資料で母親たちにも配付するものがあれば用意する。

チェックインの前に（5分）

「今日のあなたの気持ちを，もっともよく表すカードはどれですか？」

- ファシリテーターは，グループ開始前，母親が会場の部屋に着いた時点で，「動物カード」をテーブル上に並べておく。
- その際に，以下のことを説明しておく。
  ①「今日のあなたの気持ちにもっとも近いカード」を1枚選ぶこと。
  ②「子どもの気持ちを表すカード」も1枚選ぶこと。
  ③子どもグループのグループワークで同じようなカードを使用すること。
- 前回のグループで，メンバーで話し合って決めた「ガイドライン」を再確認し，追加修正があれば行う。

（必要なもの：動物カード）

チェックイン（20分）

チェックインでは，母親たちが入室時に選んだ動物カードを使う。「今日のあなたの気持ちにもっとも近いカード」と，「子どもの気持ちを表すカード」について，なぜその動物を選んだのか，その動物が何を象徴するのかなど，メンバーに述べてもらう。ファシリテーターは，母親たちから出た気持ちを模造紙に書く。

（必要なもの：模造紙1枚）

MEMO

- チェックイン自体は手短に行い，毎回，テーマに添って話してもらうことを説明する。
- 今回の母親グループと子どもグループのチェックインには関連がある。同じ体験をすることで「子どもは今回のチェックインに，どんなふうに参加しているだろうか」と，考える機会となり，子どもたちがどんなふうに「感じているか」を，母親なりに追体験してもらう。
- 「母親自身」「子ども自身」を象徴する動物を選ぶが，参加者はどの時点での状況に合わせて選ぶべきか，悩むことが多い。過去の体験や現在の生き方からか，子ども自身の視点から見た自己像としての動物を選ぶのか，それとも母親の目に映る子ども像なのか。参加者自身がもっとも表現しやすい内容で進めるのが一番である。
- 「その動物に込めた参加者の思い」を皆で共有することがメインテーマになる。

グループワーク1「感情を大切にする」(20分)

ファシリテーターは，毎回のセッションのテーマが連動して，つながっていることを強調する。前回の「つながりを作り，沈黙を破る」というテーマでは，何が暴力であるかを明確にすることをこころみた。今回は，それらの暴力があったことによって，自分と子どもにどのような感情が生じているのかを表現することがテーマである。

以下のように感情についての心理教育を行い，母親たちから質問を受けたり，意見交換をしたりする。

感情についての心理教育

①母親が安全な状態にあり，DVについてのさまざまな感情を認め，理解する機会を持つことは価値があると伝える。また，子どもたちにはそれぞれの感じ方があり，子どもたちが自分の気持ちを表現することを母親が認めることは，大切であると強調する。
②母親が肯定的な感情も，否定的な感情も体験し，支えを受けながら自分自身を大事にしていると子どもに示すことは，とてもよいモデルになることを伝える。
③母親は，子どもたちは気持ちや感情を伝えることに抵抗すると言うが，それは，子どもが自分の感情をうまく扱えなかったり，怖がっていたり，自分がそうすることで問題や葛藤が生じると思い，母親を気遣っている証だと知らせる。また，子どもには，否定的な感情を母親に伝えることが母親にダメージを与えることにはならないということを，教える必要がある。
④母親は，子どものどんな感情も受けとめることができると伝え，母親と同じように子どもも自分を大事にすることが重要だと，わかるようにする必要がある。

MEMO

このグループワークは，動物カードのワークで出てきた，さまざまな感情言語を模造紙に書き写しておき，それらの感情を素材にして，心理教育的に行う。

グループワーク2-1「子どもたちの視点で」(20分)

子どもたちが暴力を目撃したことで感じている気持ち

①氷山と船の絵を描いた模造紙を2枚用意する。母親には，配付資料3「氷山の絵」を配布する。
②1枚目の模造紙の上に「暴力を目撃したことについての子どもたちの気持ち」とタイトルをつけ，「暴力を目撃したことで子どもたちが感じている気持ちはどのようなものかを考えていき

ます」と母親に伝える。

③母親たちに氷山と感情との関係について解説し，グループワークを進める。

ファシリテーターのセリフ

「これは，大きな氷山です。昔，タイタニック号という船が，氷山にぶつかって沈んだという事故がありました。氷山は，海の上に出ている部分が小さく，海の下にある部分の方がとても大きいのです。

タイタニック号は，海の下で見えなかった氷にぶつかって船体に穴があき，沈んでしまったと言われています。

わたしたちの感情・気持ちも，氷山に似ています。つまり，表に出ている部分，他の人に対して表現する気持ちの方がちょっぴりで，本当に伝えたいことは言わないでおく・言えないといったことがありますね。もしかしたら，奥の方の気持ちには，私たち自身も気づいていないのかもしれません。それは，その気持ちが深い海のなか，氷山の底の方にあるようなものです。むしろ，そういった「言えない気持ち・気づいていない気持ち」の方が，この氷山みたいに大きくて，たくさんあるとも言えます。

けれど，私たちがあまりにも本当の気持ちを言わないでいたり，気づかないままだったりすると，他の人も私たちの気持ちをわかってくれないことになります。その一方で，私たちのなかには，わかってもらえないという不満がたまるかもしれません。そのうちに，そうした不満が大きな塊となり，タイタニック号のように，その不満の塊がもとで他の人と私たちとが衝突し，関係がうまくいかなくなったりしてしまうかもしれないのです。

よって，自分の気持ちにも，相手の気持ちにも，言葉にしている以外の気持ちがあるのではないかと思うこと，それに気づいていくこと，相手を尊重しつつも，必要に応じてその気持ちを表現していくことが重要です。

ここで，皆さんに考えていただきたいことがあります。「暴力を目撃したことで，子どもたちが感じている気持ち」はどのようなものでしょうか？　氷山の上の方，つまり表面上では，子どもたちはどんな風に感じていたでしょうか？　水面下，つまり，心の奥で感じてはいるものの口に出さない気持ちはどのようなものだったでしょうか？」

④母親たちの意見を，模造紙の氷山のどこに位置するかを確認しながら，書き込んでいく。

このグループワークの重要な点は，以下である。

- 母親は，子どもの感情や気持ちを察したり，理解することができる。
- 子どもたちが，グループで教わっている情報や概念について知る。これは，子どものグループでの経験を知ることができるという，母親の権利を尊重していると示すものである。
- 子どもたちに対して教えられている概念を理解することで，母親たちは間接的に，気づきや学ぶ機会を得られる。
- 学んだことを利用して，子どもたちと気持ちをわかち合うことができる。

（必要なもの：模造紙1枚）

MEMO

子どもたちがDVに曝されたことに，母親は罪悪感と自責の念を感じている。過去のネガティブな感情について思い出すことをためらい，DVから離れたことで，肯定的な感情しか取り上げない傾向もある。グループに参加している母親たちの回復の段階はさまざまであり，それぞれの状況を尊重することは必要である。一方で，グループワーク1「感情を大切にする」の心理教育の内容を念頭に置きつつ，過去についても，現在についても，可能な限り，多くの感情を表現することはとても重要である。

グループワーク2-2「母親の視点で」(20分)

自分の子どもが，母親が父親からの暴力を受けている状況に曝されたことに対する，母親である自分の気持ち

2枚目の氷山の絵の模造紙の上に，「子どもが暴力に曝されたことに対する母親である自分の気持ち」と書く。

①「表面に現れている感情」の概念を用いて，“子どもが目撃してしまったこと，暴力に曝されたことを考えると，皆さんは，特にどのような感情が表面に出やすいですか？”と，母親に尋ねる。

②感情が述べられたら，氷山の絵の表面上の部分に記録する。

③次に，母親たちが心理的に抑圧し，隠し，溜めている感情について考えていく。“子どもが母親への暴力を目撃させられ，その結果，影響を受けていることについて，母親であるあなたがもっとも難しく感じ，痛みを伴う感情は何でしょうか？”

④先ほどの③の回答を氷山の絵の水面下の部分に記録する。

⑤ファシリテーターが「感情」と「行動」との結びつきを概説する。具体的には“感情とは，日々生きていく上で，さまざまな選択をする際の助けとなったり，選択をしやすくしてくれるものです。感情は，自分がどう振るまうべきかを教えてくれます”と伝える。

⑥氷山の水面下に書かれた，女性が直面するさまざまな困難な感情は，不適切であったり，ステレオタイプ化した社会的通念や神話によって，長期化させられていることを伝える。ここで言う神話とは，「女性は○○であるべき」「母親として，子どものために○○してあげるべきだった」などの考え方を指す。

⑦女性たちがグループワークに参加することで，自分のことを支持してくれ，敬意をもって接してくれる人々とともに，自らの感情に名前をつけ，誇りや自尊感情を取り戻していく。それは，参加女性たちが暴力被害の経験を振り返り，評価していく助けとなる。

（必要なもの：模造紙1枚）

MEMO

- このグループワーク2-1，2-2を通じて，「子どもが暴力に曝されることは，母親に責任がある」という間違った神話を見直すきっかけとする。
- 母親たちは，自分が惨状を招いてしまった，自分が子どもを巻き込んでしまったという自責感を抱いている。ここでは，暴力をふるった加害者に暴力行動の責任があること，子どもを暴力に曝した責任があるという現実を強調する。

本日の子どもグループの内容紹介(20分)

- 子どもグループの担当者が，本日の子どもグループの活動を紹介する。
- 母親グループと子どもグループの内容の関連づけをする（自分のさまざまな感情に気づき，相手を尊重しながら，時に表現していくことは，母子双方にとって大切である）。
- 動物カードを家で作ってみたり，雑誌から気持ちがよく表れている写真を切り抜いてみたり，氷山の絵を描いて子どもと話し合ってみたりするのもよいと伝える。
- 母親からの質問に答える。

チェックアウト(15分)

- 本日学んだことを参考に，子どもにやってみたいと思うことについて尋ねる。
- ファシリテーターは常に，子どもとの関係にどう関わるかという点に注意を向けてもらえるよう心がける。

Session 3

父親から母親に対する暴力による子どもへの影響

目標	
	• 父親から母親への暴力は，母親だけでなく子どもにも大きな影響を及ぼすことを理解する。 • 子どもの，暴力についての理解の仕方は，発達段階に応じて異なることを学ぶ。 • 子どもの発達段階に応じた理解の仕方を踏まえた上で，母親としてどう対応するかを考える。

事前準備	
	□部屋を整える（椅子と机，名札，飲み物，花，お菓子などを並べる）。 □「本日の予定」を壁に貼っておく。 □グループのガイドラインや，これまでのセッションで作成した模造紙を部屋に掲示しておく。 □動画（『KID STUFF』のDVDなど）をすぐに視聴可能な状態にしておく。 □配付資料4「子どもたちが暴力によって受ける影響」，配布資料5「子どもたちの果たす役割」を人数分用意しておく。 □本日の子どもグループの内容を事前に把握しておき，子どもグループの資料で母親たちにも配付するものがあれば用意する。

チェックイン（15分）

子どもが曝される暴力の影響とは……

ファシリテーターは，前回のセッションを振り返りながら，自分の子どもたちが父親から母親への暴力に曝（さら）されたことで受けた影響について，どのようなものがあると思うかを尋ね，母親たちの意見を模造紙に書き込んでいく。似たような内容については，グループ分けし，暴力に曝された影響が多岐にわたることを示していく。

「暴力の影響」というと，どうしても自身の受けた暴力の話になりやすいため，母親自身の話題に流れていきそうなときには，“それを見ている，聞いている，感じているお子さんはどんな気持ちでしょうか？”と投げかけ，「子どもがどう感じるか」「どのような影響を受けているか」ということに焦点を当てる。

（必要なもの：模造紙1枚）

MEMO

- 母親が安全な状態にあり，DVについてのさまざまな感情を認め，理解する機会を持つことの価値を強調する。
- また，子どもたちは発達段階の違い以外にも，それぞれの感じ方の違いがある。子どもたちが気持ちを表現すること，つまり，子どもの視点を母親が認めることが重要だと強調する。

グループワーク1「動画の視聴」(30分)

母親たちは，子どもグループと同様に，動画『KID STUFF』を見る。母親たちには，子どもグループでも同じ動画を見ることを伝える。導入として，動画の概要を伝えるとともに，母親の状況によっては，フラッシュバックが起こる可能性もあるため，もし見るのが辛いようであれば，無理をせずに見なくてもよいことを伝える。動画を見ていて辛くなった際には申し出るように伝え，必要な場合は部屋を出て休むことをすすめる。消灯，ブラインドなどで，動画が見やすいように照明を調整し，上映を始める。

動画は，“National Film Board of Canada”より購入可能であるが，ウェブサイトから無料で視聴もできる（KID STUFF：https://www.nfb.ca/film/kid-stuff/［2023年4月14日閲覧］）。

『KID STUFF』

概要：両親のケンカの様子やそれを見聞きしている子どもの苦悩を，主人公の男の子が描く絵やパペットの動きによって表現しているアニメーション（5分53秒）。

男の子が自分の部屋でお絵描きをしていると，別の部屋から両親が言い争う声が聞こえてくる。そのうち，男の子が描いた絵や，部屋のおもちゃたちが動き出し，武器を持ってお互いに争い，だんだん動きが激しくなってくる。おもちゃたちの大騒ぎの後，母親が男の子の部屋をノックし，呼ぶ声が聞こえてくる。男の子が机の下にうずくまってシクシク泣いているところで映像が終わる。

MEMO

- 視聴覚教材を使用する場合，それを見ることが目的ではなく，あくまでも子どもの気持ちを考えるための教材のひとつであることをファシリテーターは念頭に置くことが大切である。
- 視聴後は，いきなり話し合いを再開するのではなく，メンバーの状況を見ながら，必要に応じてストレッチやリラクセーションを取り入れて，雰囲気を落ち着かせる。

メンバーの様子を見ながら，少し深呼吸やリラクセーションをして気分を落ち着かせてから，照明をつける。動画を見て気持ちが揺れたり，気分が悪くなった場合は，遠慮なくスタッフへ声をかけるように伝え，話し合いを再開する。

ファシリテーターは，まずメンバーへ「普段，緊張やストレスが高まった時に行っているリラクゼーションやリフレッシュ方法」について尋ねる。母親のなかにも，そのようなリソースがあることの気づきを促す契機となる。それから，動画を試聴した感想を一言ずつ話してもらう。わき上がった感情を抑圧するのではなく，言語化していくことを支持する。

グループワーク2
「子どもの発達に応じたDVの理解と影響」(45分)

母親たちに，配布資料4と5をもとに，DVについての子どもたちの理解は年齢層や暴力の暴露の状況により異なることを解説する。状況の違いとしては，暴力の強度や慢性度，習慣性，さらには子どもたちの性別や暴力への近接度，発達段階，個別事情などさまざまな要因が考えられる。

- 子どもたちが暴力に「さらされる」とはどういうことかを解説する。暴力を見る，暴力の様子を聞く，加害者の道具として利用される，暴力の影響が残る（Edelson, 1999）。
- 子どもたちが暴力に「さらされる」ことによってどのような潜在的影響があるかについて，資料の内容を共有する。
  ——配付資料4「子どもたちが暴力によって受ける影響」を読む。
  ——配付資料5「子どもたちの果たす役割」を読む。
- ファシリテーターは，「自分の子どもにはどのような影響があったと考えるか」について，改めて，母親に意見を出し合ってもらい，チェックインで利用した模造紙に意見を書き込んでいく。
- ファシリテーターは，子どもたちの反応や影響は年齢段階毎に異なること，子どもたちの行動を「コーピングスキル」（事態に対処する力，のりきる技術・方略）や，「生き延びるための戦略」として見ることが大切であることを強調する。

本日の子どもグループの内容紹介（15分）

- 子どもグループ担当者が，本日の子どもグループの活動を紹介する。
- 個々の子どもの情報を提供することはないが，活動内容に対し，子どもがどのような反応を示していたかなどを全体的に報告する。
- 母親からの質問に答える。

チェックアウト（15分）

- 本日学んだことを参考に，子どもにやってみたいと思うことについて尋ねる。
- ファシリテーターは常に，子どもとの関係にどうかかわるかという点に注意を向けてもらえるよう心がける。

●文献

Edelson, I. (1999) Children's witnessing of adult domestic violence. Journal of Interpersonal Violence 14-8 : 839–870.

Session 4

父親から母親への暴力の責任について理解する

目標

- 暴力の責任は暴力をふるった側にあることを理解し，罪悪感など母親のさまざまな感情の存在を認める。
- 母親に責任がないもの，母親が責任を担っているものについて理解する。
  ——暴力の責任は暴力をふるった側にあり，母親に責任はない。
  ——父親から母親への暴力があったことについて，子どもには責任がない。
  ——母親は暴力から逃れ，自分と子どもたちを安全にするという責任を果たしている。暴力から逃れるために時間がかかっていたとしても，母親たちがそこに「とどまった」理由があったことを理解する。
- 子どもの責任についての理解は，年齢層によって異なり，「暴力の責任は暴力をふるった側にある」ということを理解するのは青年期に入ってからであることを学ぶ。

事前準備

□部屋を整える（椅子と机，名札，飲み物，花，お菓子などを並べる）。
□「本日の予定」を壁に貼っておく。
□グループのガイドラインや，これまでのセッションで作成した模造紙を部屋に掲示しておく。
□模造紙3枚（チェックインの「暴力の責任」，グループワーク1の「責任」「逃げずにとどまった理由」）。
□グループワーク1で「責任のパイ」について解説するために，模造紙の上半分に○を1つ，下側に○を2つ並べて書いておく（参考：配付資料6「責任についての考え方」）。
□配付資料6「責任についての考え方」，配付資料7「子どもたちの『暴力の責任』についての理解」を人数分用意する。
□本日の子どもグループの内容を事前に把握しておき，子どもグループの資料で，母親たちにも配付するものがあれば用意する。

チェックイン（15分）

暴力の責任という言葉を聞いて思うことは……

ファシリテーターは“暴力の責任という言葉を聞いてどのような気持ちがしますか”と尋ね，母親たちの意見をホワイトボードに貼った模造紙に書き込んでいく。母親たちは特に，子どもたちが暴力を目撃したことについて，「目撃させてしまった」「私が早く夫の元を離れていれば……」などの強い自責感を抱いていることが多い。チェックインにおいてそのような発言が多く出ても，ファシリテーターは修正することなく，まずは直感的に思ったことを自由に述べてもらうことを優先する。

（必要なもの：模造紙1枚）

グループワーク1「暴力の責任」（45分）

「責任という言葉は一般的にどのような意味だと思いますか？」

次に，このように母親たちに問いかけ，思い思いのイメージを挙げてもらう。チェックインでは「暴力の責任」であったが，ここでは，「責任」という言葉を聞いたときに思い浮かべる一般的な意味を述べてもらう。たとえば，次のような答えが予想される。

（必要なもの：模造紙1枚）

例：過ちをおかしても逃げ出さずに最後まで後始末をする。
　　うそをつかない。
　　罪をおかして責められる立場になる。
　　何か悪いことをしたらそれを認める。
　　ちゃんと働いて安定した収入を得る。

ファシリテーターは，このグループワークに対する回答と，チェックイン時の回答との間には乖離（かいり）があることを説明する。つまり，責任という言葉は，「ある行動を自分が行った場合，それは自分が行ったことであると認め，もし間違いがあればそれを修正するために最後までかかわる」「自分のやるべきこととみなして全うする」といったイメージを喚起させる。しかし，「暴力の責任」となると，暴力の被害を受けた母親たちは自分に責任があるという考えを抱く傾向にある。「責任」という言葉の知的な理解と個人的な感情との間にはひらきがあるのである。

ここからファシリテーターは，「暴力の責任」について説明する。

- ファシリテーターは「前提として，暴力をふるった責任，暴力を子どもに目撃させた責任は，暴力をふるった側，つまり加害者にあるということです」と伝える。「皆さんは，自分にも責任があるのでは，と考えて複雑な気持ちかもしれませんが，それは多くの被害女性が経験していることで，そのように思うこと自体は十分にありうることです」。

• ファシリテーター：「多くの女性が責任を感じてしまう背景としては，次のような世間一般の『神話』があります。それは，『暴力があるのになぜ逃げなかったのか？　簡単に逃げられるはずだし，良い母親なら子どものことを思えばできるはずだ』という意見です。では，『なぜ，女性は逃げずにとどまっていたか』について，皆さんの意見はいかがですか」。
• ファシリテーターは，母親たちから出た意見を模造紙に書いていく。

例：「なぜ，女性たちは暴力のある関係の中に『とどまった』のか？」

——どこを頼ればいいかわからなかった……

——子どもたちを養えるだけのお金がなかった……

——誰も自分の言うことを信じてくれないと思った……

——家族は一緒にいる必要があると思った……

——子どもには父親が必要……

世間体が悪いし，恥ずかしいし，今より良くなることはないだろうし……

——夫が変わってさえくれればいいと思った……

——信仰上の理由で……

意見が一通り出たら，ファシリテーターは，「皆さんの意見から，暴力があるからといって，そう簡単には逃げられないほど，非常に多くの強力な障壁や，とどまらざるを得ない理由があったことがわかりますね」と話す。そして，「女性たちに暴力の責任はなく，逃げられないような困難な状況に何とか対処しようとして，これまで生き延びてきたといえます」と強調する。ここでファシリテーターは，「責任のパイ」について説明する。

• 「『加害者は，暴力でない行動を選ぶこともできたはず』ということが，暴力の責任を考える上での前提です。よって……

——暴力という行動を選んだ責任は加害者にある。暴力を子どもたちに目撃させた責任も加害者にある

——加害者は自分で選んだ暴力という行動に関して100％責任を負う

……ということになります。（模造紙に，「よくある責任の考え方のパイ」（図①）を書き）よくある言い方として，たとえば，60％は相手の責任で，40％は自分の責任，といったものがあります」。

（必要なもの：模造紙1枚）

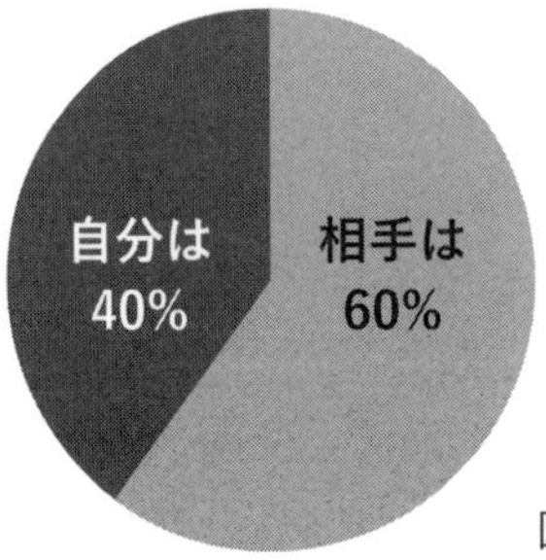

図①：よくある責任の考え方のパイ

• 次に，ファシリテーターは「しかし，このプログラムでは，自分も相手も自分の行動に100％ずつ責任がある，というふうに考えます」と説明しながら，図②のようにパイを2つとその間

に点線を描き，それぞれのパイのなかに「自分の行動は自分の100％の責任」「相手の行動は相手の100％の責任」と書く。

- ファシリテーターは，「暴力の責任の問題に関しては，さまざまな感情がわきおこってきて，頭では理解しても，気持ちのところではなかなか難しいものです。そうしたさまざまな気持ちを押し殺さずに認めてあげていくことも大切です」と話し，このグループワークを終える。

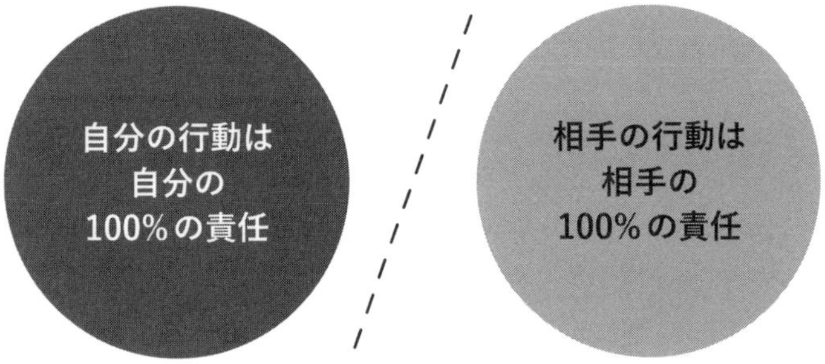

図②：本プログラムにおける責任の考え方

MEMO

「責任をとる」というと「法律という規則に違反したので相応の罰を受ける」というイメージが一般的である。しかし，加害者は罰を受けるだけの受け身的な存在ではなく，主体的に問題解決にかかわる存在でなくてはならない。その上で果たす責任とは以下のとおりである（ゼア，2003；藤岡，2006）。

①説明責任：説明責任を表すaccountabilityという英単語を分解してみると，account（説明する）＋ability（力）を駆使する責任，と読みとることができる。つまり，加害行為を自分が行った行動として認め，その行動が被害者にとってどのような損害や影響を与えたと思うのか，自分にとって今回の加害行為や結果はどのような意味を持っているのかを振り返り，被害者に対して説明する責任である。

②謝罪・賠償責任：被害者に対し謝罪を行い，損害を回復するための有形・無形の償いの行動をする責任。

③再発防止責任：将来的に二度と加害行為を行わないための学びと実践を継続していく責任。

MEMO

ファシリテーターは，母親たちが責任について理解するとともに，多くの複雑な感情を認めることも大切であると伝え，以下のことについてもふれる。

- 暴力を受けた多くの女性は，子どもがそれを目撃したことについて辛い感情をたくさん抱いている（セッション2のグループワーク2-2で記入した氷山の絵を示しつつ話す）。

- そのような感情は，罪悪感や自責の念という言葉で語られることが多い。しかし，その気持ちだけにとどまらないでいることが回復への近道である。
- わきおこるすべての感情の存在を抑え込むことなく認識し，名前をつけることも回復に役立つ。
- そのようにして母親が回復していくことは子どもたちの回復にもつながる。

グループワーク2「子どもたちの理解」(30分)

母親たちに，配布資料7「子どもたちの『暴力の責任』についての理解」を配付し，子どもたちの責任についての理解は年齢層によって異なることを解説する。

MEMO

どの年齢層の子どもについても，子どもたちに父から母への暴力の責任はないことを理解しておくことがもっとも大切であり，この点を強調して母親たちに伝える。

本日の子どもグループの内容紹介(15分)

- 子どもグループの担当者が，本日の子どもグループの活動を紹介する。
- 個々の子どもの情報を提供することはないが，活動内容に対し子どもがどのような反応を示していたかなどを全体的に報告する。
- 母親からの質問に答える。

チェックアウト(15分)

- 本日学んだことを参考に子どもにやってみたいと思うことについて尋ねる。
- ファシリテーターは常に，子どもとの関係に自分は母親としてどうかかわるかという点に注意を向けてもらうよう心がける。
- 次回の子どもグループでは，「怒りの火山」のワークで食紅を使うため，服が汚れるかもしれないことを伝える。

●文献

藤岡淳子（2006）性暴力の理解と治療教育．誠信書房．

ハワード・ゼア［西村春夫・細井洋子・高橋則夫＝監訳］（2003）修復的司法とは何か――応報から関係修復へ．新泉社．

Session 5

対立や怒りを理解し，子どもの健康的な怒りの表現をサポートする

目標

- 母親は，子どもと対立して葛藤を覚えるような場面で，自分の感情・考え方・行動がどのようなパターンであるか理解する。
- 暴力を用いずに，対立を解決できるような新しい考え方や行動を検討する。
- 怒りの感情が必ずしも暴力に結びつくわけではないことを理解し，怒りの感情のプラス面を学ぶ。
- 子どもの怒りの感情が表出してきたときに，どのように対処するかを学ぶ。

事前準備

□部屋を整える（椅子と机，名札，飲み物，花，お菓子などを並べる）。
□「本日の予定」を壁に貼っておく。
□グループのガイドラインや，これまでのセッションで作成した模造紙を部屋に掲示しておく。
□模造紙4枚（チェックイン「子どもとのやりとりで困難を感じるとき」，グループワーク1「感情・考え・行動の三角形」，グループワーク2「怒り」「暴力」）。
□配付資料8「子どもグループにおける怒りの定義」，配布資料9「子どもの話を『聞く』」を人数分用意する。
□本日の子どもグループの内容を事前に把握しておき，子どもグループの資料で，母親たちにも配付するものがあれば用意する。

チェックイン「子どもが暴力的になったり，子どもとのやりとりで困難を感じるときとは？」（15分）

ファシリテーターは，次のように質問し，チェックインを進める。「子どもが暴力を使って問題解決をしようとするなど，子どもとのやりとりで，皆さんが怒り・悲しみ・つらさ・困難さを感

じているエピソードを挙げてみてください。特に，元夫（恋人）からの暴力が関係していると思われる場面で，皆さんが葛藤を感じるようなものがあれば，それを挙げてください。『子どもが○○と言う，自分は△△と言う』というように会話や行動を具体的に話してください」。

エピソードが一通り出たら，グループワーク1にうつる。

（必要なもの：タイトルが書かれた模造紙1枚）

MEMO

“子どもと対立してしまい自分が葛藤を感じる場面とはどんなものか？”と質問した場合，“子どもが宿題をしない”“言うことを聞かない”などの話題に終始してしまうことがある。その場合，いかに子どもを上手くコントロールすればいいのかという方向に向かってしまい，「母親自身の感情・考え方・行動のパターンに目を向ける」という本来のねらいからそれてしまう。「どうしてうちの子はこうなのか？」という子どもの分析に陥ってしまうおそれもある。

ファシリテーターは，その場面が母親たちのなかに複雑で辛い感情を引き起こすものなのかどうかに注意し，彼女たちが自分のパターンを内省できるような状況を作るよう心がけることが大切である。また，元夫（恋人）からの暴力が影響していると思われる対立場面（そして母親のなかで葛藤が起こる場面）であれば，後のエクササイズ1・2でのワークに活かしやすい。

母親が葛藤を覚える場面の例

- 子どもに「お父さんがいなくなったのは，お母さんがちゃんとごはんを作らなかったからだ」と言われる。
- 子どもが「お父さんはいろんなものを買ってくれてすごく優しい」と言う。
- 子どもの言動が，すべて元夫に似ているように思えてしまう（たとえば，元夫がよく口にしていたセリフなど）。

グループワーク1「子どもに対する自分の考え方・感情・行動のパターンを理解する」（35分）

感情・考え方・行動を三角形に書き込んで整理していく（図③（p.74）参照）。

- ファシリテーターは「これから，皆さんがチェックインで挙げてくださったエピソードを使って，子どもとのやりとりがどんなパターンになっているのかを見ていきます」と話し，三角形が描かれた模造紙を用意する。
- チェックインで出されたエピソードを例にとり，そのエピソードを挙げた母親に，「そのときはどんな気持ちでしたか？」「どんな考えが浮かびましたか？」「どのような行動をとりましたか？」と適宜聞きながら，三角形の角に，感情，考え，行動を分けて書いていく。

- 意見が出終わったら，三角形の3つの角に，それぞれ，1. 感情，2. 考え，3. 行動と書き込む。
- ファシリテーターは，感情・考え・行動は関連しあっており，過去の暴力の影響を受けていることを伝える。

図③：感情・考え・行動の三角形

「このように，感情と考えと行動は影響しあっています。つまり，考えに合った気持ちや行動が出やすいということです」

「さらに，皆さんの感情や考えは，過去の暴力の影響を受けていて，暴力というフィルターを通して色々なものを見てしまうことがあります。過去に暴力を受けたときの感情や考えが，子どもが暴力的にふるまう場面，子どもと対立する場面で出てきやすくなっているといえます」

「ここで我々にとって大切なことは，そういうときに自分の気持ちや考えがどんな風になりやすいかに気づくようにして，よりポジティブな考えに変えたり，問題解決につながるような行動をとれるようになることです」

（必要なもの：三角形を描いた模造紙1枚）

グループワーク2「子どもの怒り」(20分)

ファシリテーターは模造紙の上に「怒り」とタイトルを書き，“怒りという言葉を聞くと，どのような気持ちがわいてくるか？”について母親たちに意見を言ってもらう。深く考えずに，怒りという言葉から連想するものを思いつくままに挙げてもらうようにする。

例：怒り……その後必ずケンカになる，怖い，大爆発，緊張してしまう，危険，避けるべきもの

次に，模造紙の上に「暴力」とタイトルを書き，“暴力という言葉を聞くとどのような気持ちがわいてくるか？”について2，3人の人に意見を出してもらい，「暴力」のタイトルの下に書いていく。

このように挙げてもらうと，怒りと暴力の両方の言葉からイメージされる内容が同じようなものになっている，ということを指摘する。しかし怒りと暴力は異なる，ということを説明していく。

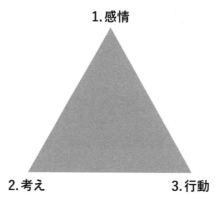

- 母親たちは，暴力を受けた影響によって，怒りと暴力を結びつけて考えてしまうことがある。しかし，怒りとは本来どういうものかということを，子どもグループで用いている怒りの定義を用いて説明する。

ファシリテーターは資料を配付し，「子どもグループでは怒りについて次のように解説しています」と述べ，以下の定義を紹介する（配布資料8）。

> 子どもグループにおける怒りの定義
> 「怒りとは，物事が思い通りに行かないときに起きてくる感情である。何かが違っている，何かをしなくてはいけないというサインである」

ファシリテーターは，「子どもたちの怒りを『父親と同じように私に暴力をふるおうとしている』というふうにとらえる必要はありません。また，意見が違って対立することはよくあることだし，怒りと対立と暴力は，必ず結びつくものではありません」と話す。

ファシリテーターは，「以下のことを覚えておいて子どもたちとも共有し，子どもと一緒に問題解決方法を考えていくことが大切です」と伝える。

子どもたちに伝えること

- 怒りを感じてもよい。
- 怒りをためこみすぎると爆発してしまう（ファシリテーターは子どもグループの“怒りの火山”のワークについて説明する）。
- 怒りの感情は自分のことに気づくための道具である。
- 怒りは問題解決方法を見つける手助けをしてくれる。
- 怒りを表現する健康的なやり方を考えることが大切である。

（必要なもの：模造紙2枚，配布資料8「子どもグループにおける怒りの定義」）

> MEMO
>
> 母親たちは暴力の被害を受けてきたなかで，相手の怒りの感情がすぐに暴力に結びつく経験を何度もしている。チェックインで扱った「対立」も怒りや暴力と結びつけられやすい。しかし本来，対立は暴力のない関係でも普通に生じることである。怒鳴り声や攻撃ではなく，「怒りを感じていると言葉で伝える」こともできるのである。

グループワーク3「気持ちを表現する健康的な方法とは?——アサーティブネス」(20分)

ファシリテーターは，「子どもの話を『聞く』」(配布資料9) を配り，以下のようにアサーティブネスと「聞くこと」の解説をする。

アサーティブネスの解説

- アサーティブネスとは，自分と相手の人権を守りながらやり取りをする方法です。
- そのなかでもっとも基本的な方法は，アイ・メッセージを利用することです。アイ・メッセージとは，I (アイ，私) を主語にした言い方です。
- アイ・メッセージで伝えることは，「気持ち，考え，要求」です。
- 気持ちを伝えるために，「私は○○と思う」「私は○○と感じる」という言い方をします。気持ちには，「肯定的 (ポジティブ) な気持ち」「否定的 (ネガティブ) な気持ち」の2種類があります。
- 考えを伝えるために，「私は○○であるように見える」「私は○○と考えている」という言い方をします。
- 要求を伝えるために，「私は○○してほしい」という言い方をします。
- アサーティブな態度は，我慢して「わかりました」と言うなどの「受身の態度」とは異なります。
- 攻撃的な態度は暴力であって，アサーティブではありません。
- あくまで，自分の状態を伝えることが目的であり，気持ちを伝えることで子どもを脅したり，萎縮させたりすることが目的ではありません。
- 「どうせ，私が何言ってもダメなんでしょ」という言い方は，「受動攻撃の態度」と言い，これも，アサーティブな態度とは言えません。
- アサーティブネスというからには「伝える」ことに努めないといけないと思いがちですが，相手の話を「聞く」ことも重要です。
- 聞くことも「行動」であり，子どもとの関係をよくするために必要です。頭のなかで考えをめぐらせ，聞いているときの感覚を意識して，相手の言葉・意図・感情などを「受け止める」という能動的な行動をしているわけです。
- 聞くときのポイントは以下の通りです。
  ——○○と発言している相手の気持ちに集中する (特に相手が怒ったり，こちらを責めているように感じられるとき)。
  ——自分のなかにわいてきた感情・感覚を「私は○○と感じている」と意識する。
- 「聞く」ために，次のような考え方を参考にしてみてください。
  ——まずは，最後まで聞いてみよう。
  ——すぐに答えを出さなくてもいい。
  ——今すぐアドバイスする必要はない。

——アドバイスをしても，子どもが受け入れるとは限らない。
——子どもは何を言おうとしているのかな。
——今，子どもはすごくストレスがたまって，その気持ちを伝えているんだ。
——子どもにとってはそれが事実なんだ。
——私は自分を守ろうとしなくていい。
——子どもの発言を受けて，自分は何に困っているのか？
——子どもの発言を受けて，自分は何が不安なのか？
——思ったことを子どもに伝えてみて，もし違っていても，仕方ない。
——子どもに勝つためにこの場にいるのではない。
——自分は子どもにあたってうさばらしをしようとしていないか？
——自分の意見が絶対の真実ではない。
——子どもと自分の両方にとって良くなるように行動しよう。

- 次のセリフは，「聞く」ために役立つことがあります。

——あなたが話しているのは○○のことかな。
——違っていたら教えてほしいんだけど……
——○○ということでいいのかな。
——今，話しかけてもいいかな。
——私は○○と思ったよ。
——私は○○と感じているけど……

MEMO

「子どもの気持ちに集中する」ことを意識しながら，対応が難しい場面のロールプレイをやってみるのもよい。これまでのやり方と新しいやり方を，役割交代しながらやってみる。母親が子どもの役になり，ファシリテーターが母親役になってみることも考えられる。最後に，一般向けのわかりやすいアサーティブの本などを紹介してもよい。

（必要なもの：配布資料9「子どもの話を『聞く』」）

本日の子どもグループの内容紹介（15分）

- 子どもグループの担当者が，本日の子どもグループの活動を紹介する。
- 個々の子どもの情報を提供することはないが，活動内容に対し子どもがどのような反応を示していたかなどを全体的に報告する。
- 母親からの質問に答える。
- 子どもブループが最終回で作成する「わたしはこんなところが好き！」カード（p.130参照）に子どもの写真を貼る場合，次回に写真を撮影して良いかどうか，母親たちに確認する。

- 6回目のセッションで「安全計画」を立てる際に，警察や消防署，児童相談所への連絡方法を練習することを伝え，了承を得る。

チェックアウト（15分）

- 本日学んだことを参考に，子どもにやってみたいと思うことについて尋ねる。
- ファシリテーターは，母親が，子どもとの関係に自分は母親としてどうかかわるか，という点に注意を向けることができるよう心がける。
- セッションはあと2回であると伝える。

Session 6

喪失を悼み，新たなつながりを育てること

目標

- 自分にとっての喪失と子どもにとっての喪失を分化させる。
- 喪失もひとつの変化としてとらえ，変化も新たな獲得につながりうるものとして肯定的にとらえなおす。
- 他者とのつながりやサポートを得ることへのニーズを明確にし，具体的な支援のリソースをグループ内で共有する。
- 「人生の樹」というワークを通して，過去，近過去，現在にとどまりがちな視点を近未来にも向ける。

事前準備

□部屋を整える（椅子と机，名札，飲み物，花，お菓子などを並べる）。
□「本日の予定」を壁に貼っておく。
□グループのガイドラインや，これまでのセッションで作成した模造紙を部屋に掲示しておく。
□模造紙に配付資料10「人生の樹」を描いておく。根・幹・葉がよくわかるように描く。
□もう1枚の模造紙の真ん中に線を引き（喪ったもの，得たもの），事前にホワイトボードに貼っておく。
□配付資料10「人生の樹」を人数分用意しておく。
□地域の支援機関のリストや，参加者にとって有効なウェブサイトなどがあれば，資料としてまとめておき，配布する。個別に支援先について話し合う必要がある場合は，フォローアップ面接の際に伝えられるように準備しておく。
□本日の子どもグループの内容を事前に把握しておき，子どもグループの資料で，母親たちにも配付するものがあれば用意する。

チェックイン（20分）

夫と別居してから子どもが喪（うしな）ったもの，変化したもの

ファシリテーターは“夫と別居してから子どもが喪ったもの，変化したものは何だと思いますか？”と尋ね，模造紙の左側の上に「喪ったもの」と書く。母親たちの発言を，模造紙の左側の下に書き込んでいく。母親たちは，子どもが喪ったものの大きさに，辛さを感じるかもしれない。ファシリテーターは，母親たちがDV的環境から離れたことの勇気をたたえつつ，喪失もひとつの変化であることを強調し，その変化を認め，しっかりと悲しむことの重要性を伝える。

（必要なもの：模造紙1枚）

MEMO

抽象的な喪失を語りがちになる場合が多いので，できるだけ具体的な事柄に質問を焦点化する。たとえば，「過去の思い出」の場合は，「どんな思い出ですか？」と質問して，「夫側の従兄の存在」「学校」などという答えを導きだす。

グループワーク1「喪ったもの，得たもの」（30分）

“喪ったことで，子どもが得たものは何でしょうか？”

次にこのように質問し，チェックイン時に利用した模造紙の右側の上に「得たもの」と書く。模造紙の右側の下に母親たちの発言（得たものリスト）を書いていく。

「喪ったもの」と「得たもの」が，対応関係にあることを指摘し，それは参加者が別居に踏み切った力によって実現したのだと，ファシリテーターは強調する。また，喪失の責任を過剰に背負わないように，得たものを強調する。たとえば，“子どもが，これ以上，暴力の影響を受け続けることを止めることができましたね”といったようにである。

また，子どもの問題行動に焦点化しがちな母親に対しては，それがDVに曝された影響からの回復過程にあることを指摘する。

MEMO

ファシリテーターは，「リフレーミング」のモデリングを行い，それによって母親たちが肯定的リフレーミングができるように動機づけをはかる。

例：(母親)“いつも私に，べったりくっついて離れないんですよ”
↓
(ファシリテーター)“お母さんのそばで安心感を得ようとしているんですね。そのとき，あなたは，どんな言葉をお子さんにかけてあげたらいいでしょう？”

グループワーク2「人生の樹」(40分)

「樹」の絵を描いた模造紙をホワイトボードに貼り，配布資料10「人生の樹」を全員に配る。

ファシリテーター：皆さんの人生がこの樹のようであると想像してみてください。樹の根は過去，幹は現在，葉は未来を表しています。大地に深く根ざした根は，過去から皆さんを支える土台や基礎のイメージです。幹は根に支えられてしっかりと立ち，何本もの枝を伸ばしている，現在の皆さんの姿です。幹から伸びる枝の先には葉がたくさん繁っていて，葉の緑が日の光にきらめいており，皆さんとお子さんの未来と重なります。

ファシリテーター：皆さんの人生を，このような樹の姿と重ねて想像したときに，根・幹・葉のイメージに当てはまると思う物事を，どのような言葉でもよいので，書いてみてください。正しい答えというものはないので，具体的な物や出来事でも，人でも，抽象的な感覚や気持ちでも，感じたものを言ってください。

「人生の樹」の回答例
——根→子どもの頃によく遊んだ場所の景色，優しかった祖母，学生時代の友人，よく勉強したこと……
——幹→仕事，読書，健康，同僚との関わり，趣味の○○……
——葉→情報，憧れている仕事，友人との交流，子どもとの関わり……

ファシリテーターは，母たちの発言を模造紙の該当部分に書きこんでいく。

ファシリテーター：(模造紙の「人生の樹」の図を見ながら) これらの物事は，皆さんが生きていく上で，今後も重要です。これらを維持し，育むために必要なことは何でしょうか？

ファシリテーターは，母たちの発言を模造紙の該当部分に書きこんでいく。

ファシリテーター：皆さんは，その必要なことを求めたり，受けとったりしてもかまいません。それは皆さんの権利です。

(必要なもの：模造紙1枚，配布資料10「人生の樹」)

本日の子どもグループの内容紹介(15分)

- 子どもグループの担当者が，本日の子どもグループの活動を紹介する。
- 個々の子どもの情報を提供することはないが，活動内容に対して子どもがどのような反応をしていたかを全体的に報告する。
- 母親からの質問に答える。

チェックアウト(15分)

- 本日学んだことを参考にして，実際に子どもとどのようにかかわってみたいかを尋ねる。
- 次回が最終回であることを確認し，ぜひ出席するように励ます。

Session 7

セルフケアの重要性を伝え，ここまできたことを祝福し，前に進む

目標

- DVの影響から回復する過程にある母親にこそ，セルフケアが重要であることを知る。母親が自身を大切に扱えば，それは，子どもが自身を大切にするモデルとなることができるし，セルフケアをする母親を，子どもは「大切な存在」と思うようになる。
- 身体的，および精神的セルフケアの実現に必要なことを話し合う。
- 子どもからの要求や期待に応えることと，母自身のセルフケアとをどう両立させるかを具体的場面に即して考え，実行できるようにする。セルフケアは，子どもを無視して行われるものにしないことが重要である。
- プログラムにおける母親自身の努力，やりとげたことを確認し，これからの生活に取り組む意欲を高める。

事前準備

□部屋を整える（椅子と机，名札，飲み物，花，お菓子などを並べる）。
□「本日の予定」を壁に貼っておく。
□グループのガイドラインや，これまでのセッションで作成した模造紙を部屋に掲示しておく。
□チェックインで用いる，セルフケアの2つの側面を表現する2つの円（p.84参照）を，模造紙に大きく描いておき，参加者の発言を記入できるようにする。
□カードを作成するための材料（台紙用画用紙，シール，サインペン，雑誌の切り抜きの写真や文字，折り紙など）と人数分のはさみ・のりなどを準備し，前半のワークの邪魔にならないところにおいておく。
□配付資料11「セルフケアのためのリスト」を人数分用意しておく。
□本日の子どもグループの内容を事前に把握しておき，子どもグループの資料で，母親たちにも配付するものがあれば用意する。

チェックイン（20分）

今週，自分だけのために，私がしたことは……

次のようなたとえを用いて，セルフケアの重要性について取り上げることを伝える。

「人を涸れた井戸で育てることはできない。自分の欲求を満たすことが先決である。そうすれば，そのあとに余った豊富なものを分け与えることができる。自分自身を大切にし，自己愛を築くことで，他人にも大切なものを分け与えることができるようになる」

模造紙を貼り，セルフケアには身体面，精神面の2つの側面があることを最初に示す。

身体面のセルフケア：自己の身体的な面を気遣う
精神面のセルフケア：自己の精神状態または感情を健やかに保つよう気遣う

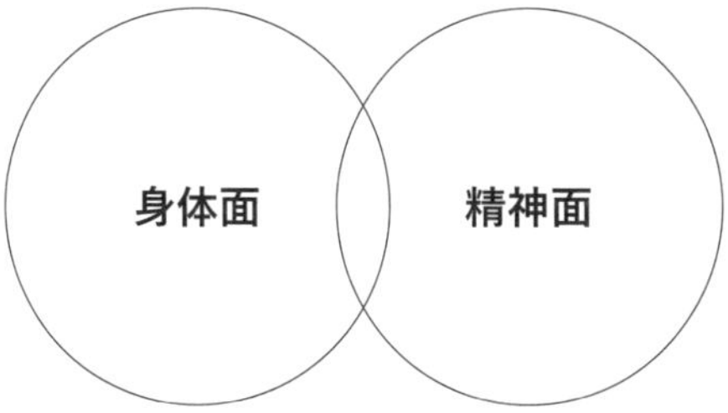

図④：セルフケアの2つの側面

今週，母親たちが自分のために行ったセルフケアについて話してもらい，身体面，精神面の2つに分類してスタッフが模造紙に記入する。　　（必要なもの：模造紙1枚）

どうしてセルフケアが重要か，下記の点について整理して伝え，適宜，質問を受ける。

①DVの影響によって，セルフケアよりも他のことを優先しなければいけないと思う傾向があるかもしれない。
②セルフケアは自分を癒し，自信，自尊心を回復させる。
③子どものモデルになれる。
④母親が自分を大切にしているのを見て，子どもは母親を大切な存在であると認識する。
⑤長期的には健全でないセルフケアもあること（薬物使用，アルコール摂取，子どもにあたるなど）を伝え，健全なセルフケアを選択することの重要性を伝える。

MEMO

この話し合いは，なるべく明るい雰囲気で行う。自分の生活にセルフケアをどのように組み込んでいたかについて正直に話す機会として用いる。参加者がセルフケアを怠っていることや，似たような気持ちを告白しやすい環境を作ることが大切である。

- セルフケアに関連する意見が出にくい場合には，悲しみ，罪悪感，そして絶望など，難しい感情の扱いをどのようにしているか問いかける。
- 語り手が行っていたセルフケアの方法が，健全であってもなくても話しやすい雰囲気にする。そうすることで，健全なセルフケアに対する課題を検討していくことができる。
- 進行の流れのなかで，以下のポイントについて取り上げて強調する。
  —暴力の影響によってセルフケアの優先順位が低くなること。
  —どれほど些細なことでも，健全なセルフケアが重要な役割をもつこと。
  —セルフケアの行動をする際，子どもに説明すること（例：“お母さんは，これから30分だけお昼寝するね。そのあとおやつにしようね” など）。

グループワーク1「自分の基本欲求を知る——セルフケアに関する自己評価」（40分）

配布資料11「セルフケアのためのリスト」を配付する。“今までできなかったセルフケアで，今後やってみたいものは何ですか？” と問いかけ，次に，ファシリテーターは，ゆっくりと大きな声で1つずつ読む。参加者はチェックリストにマークをする。

“チェックしたセルフケアを維持し，さらにやってみたいことができるようになるためには，何が必要ですか？” と参加者に問いかけ，具体的な行動や考え方などを考察する。これらのリストに挙がった項目を，プログラム終了後も意識してほしいことを告げる。

（必要なもの：配布資料11「セルフケアのためのリスト」）

MEMO

- このチェックリストは，参加者が実際にしていること／していないことを確認するための参考資料であり，母親が罪悪感を感じたり，日常でセルフケアを怠っていることを悪く思ったりするためではないことを伝える。
- 参加者が，チェックリストを埋めた結果から，孤立感を感じないようにする。
- このような繊細な問題に取り組むときは，楽しい雰囲気を作り出すことがとても効果的で，大きいグループのほうがそういった雰囲気を作りやすい。
- チェックリストの項目を選べない参加者には，チェックインを参考に，身体面，精神面でバランスが取れるように選択してみることを助言してもよい。

グループワーク2「自分の人生を取り戻そう」(30分)

①これはプログラム全体のまとめの作業であることを伝え，白紙のカードを配る。それが「自分の人生を取り戻すためのカード」であることを伝える。
②横長に置いた紙を半分に折り，左側に，これまでのプログラムのなかで学んだことで，これからやっていきたいこと（することリスト）を書き出す。
③右側に，避けるべきこと（避けることリスト）を列挙する。
④シール・カラーペンなどを用いてデコレーションする。
⑤何人かの母親に一部を発表してもらう。
⑥テーブルを片づける。

（必要なもの：カード作成の材料，のり，はさみ）

MEMO

- 「元のパートナーとは会わないようにする」という内容は「することリスト」に入れるべきか，「避けることリスト」に入れるべきか，というような質問を受ける可能性がある。その場合，具体的な場面や行動について記述するようアドバイスする。たとえば，「元夫の面会の誘いは迷わず断る」と「することリスト」に記入する。また，「〇〇しない」だけでなく，「〇〇の代わりに何をする」のかも考えてもらう。たとえば，「子どもの行動の抑制ができないとき，不安になっても，元夫に連絡を取ることは避ける」と「避けることリスト」に書き，「不安になったら〇〇さんにメールすることで，自分を落ち着かせる」と「することリスト」にも記入する。作成中にファシリテーターがテーブルを回り，提案したり，内容の整理を手伝うほうがよい。
- 「カラオケ」「温泉めぐり」「海外旅行に行く」など，プログラムでの学習から離れたテーマや非日常的なことのみを挙げている参加者には，“プログラムで学んだことを振り返って，生活に取り入れたいことは何か”と質問し，意識を向けてもらう。
- カードの裏面（表紙・裏表紙にあたるところ）にデコレーションをする場合は，コラージュの要素を入れて自分へのメッセージや自己表現の機会にできるとよい。

本日の子どもグループの内容紹介(15分)

- 子どもグループの担当者が，本日の子どもグループの活動を紹介する。
- 個々の子どもの情報を提供することはないが，活動内容に対し子どもがどのような反応を示していたかなどを全体的に報告する。
- 母親からの質問に答える。

チェックアウト（15分）

セレモニー的な雰囲気を作る（**お茶とお菓子があれば，テーブルに用意する**）。

①お茶とお菓子があれば，それを食べながら，プログラムを終了するにあたっての感想を順番に全員に話してもらう。適宜，スタッフからメッセージをフィードバックする。

②その他，時間があれば，皆で選んだ歌を歌う，詩を読む，手をつないで輪になる，修了証を渡す，寄せ書きを作るなどのオプションが考えられる。

IV

子どもグループ（7～12歳）のセッション

グループ開始にあたって準備するもの

ここでは，グループ開始までに準備するものについて説明する。使用できる場所や準備できるものは，実施する機関などによって異なると考えられるため，準備の例として以下に挙げておく。

使用する部屋

グループで使用する部屋は，子どもたちが和やかに落ち着いて過ごせるように準備する。カーペットなどが床に敷いてあり，座ったり寝転んだりできることが望ましい。その場合，メンバーとファシリテーター全員分のクッションを用意しておくのもよい。これによって，座る場所がわかりやすくなったり，居場所ができやすくなったりする。会議室などを使う場合は，部屋を装飾したりイスにクッションを置いたりなど，メンバーが緊張せず和やかに過ごせるように工夫する。

部屋には，パペットやぬいぐるみ類を並べておき，セッション中にメンバーが自由に触れるようにする。パペットやぬいぐるみなどを触ったり抱いたりすることによって，問題に直面するときや，辛い気持ちを思い出したときに，落ち着くことができるためである。また，自由遊びの時間に遊べるようなビーチボールや，複数人数で遊ぶことができるボードゲームなどの遊具も置いておく。

部屋のセッティング

- 座卓またはテーブル（メンバー全員で囲んで作業できるサイズ。子どもグループでは座卓のセッティングにすると，個別の援助を必要とする子どもにスタッフが即応しやすい）。
- 本日の予定表。
- 前回のセッションで使用した模造紙などを壁に貼っておく。
- 個別ファイル（メンバー用）。
- 名札（安全ピンとクリップがついているもの，ソフトケースタイプが安全でよい）。

グループで使用するもの

- 宝箱
- 表情カード
- 動物カード
- 絵本
- 白紙（模造紙）
- 画用紙
- 鉛筆削り
- セロハンテープ
- スティックのり
- はさみ
- 鉛筆
- 消しゴム
- 色鉛筆
- サインペン
- 水性カラーマジック（細・太）
- 付箋
- 出席シールを貼るための用紙やカード

- グループワークで使う材料や道具
- セッションの配布資料
- 出席シール
- 名札・個別ファイル装飾用シール（星やハート，動物，乗り物，季節のものなど，種類や大きさがいろいろあって自由に選べるとよい）
- パペットやぬいぐるみ（人や動物など，いろいろな種類やサイズがあるとよい。手触りがよいものがメンバーに好評）

自由遊びで用いるおすすめの遊具

- パペット
- カプラ（木製ブロック）
- ビーチボール
- トンネル
- モール
- 折り紙
- 運動マットなど
- 風船（一般的なもの，アートバルーンなど）
- ボードゲーム（人生ゲーム，オセロなど）
- カードゲーム（トランプやUNOなど数人で楽しめるもの）
- 大きなブロック（20cm四方くらいのサイズ。いくつか積んで建物を作ったり乗ったりできる）

おやつの準備

子どもたちの好むもので，健康にもよいおやつを用意する。メンバーの状況に合わせて，栄養価が高くて腹持ちのよいおやつを出すことも重要である。

おやつで出すものは，食べながら交流が深まるようなものが望ましい。たとえば，味のわからないソフトキャンディの味を当て合う，動物ビスケットの動物の形を当て合う，酢昆布を食べた顔を見せ合って「すっぱい顔大会」をする，など。また，インテーク時に食べ物アレルギーの有無を確認しておき，全員が食べられるものを出すようにする。

おやつ時に出すもの

- コップ：陶器，プラスチック製など，子どもの年齢に合わせたものを選ぶ。持ちやすく，割れにくいものが望ましい。
- 麦茶：水分補給のため必ず用意する。
- おやつ：大きなプラスチック製のお皿に紙ナプキンを敷いて，おやつを乗せる。1つのお皿からメンバーが分け合って食べられるとよい。

Session

1

互いに知り合い，暴力について考える

目標	・グループの目的を理解し，これから始まるグループの見通しを持つ。 ・互いに知り合い，自分が一人ではないことを体験する。 ・さまざまな虐待や暴力の種類について理解する。
事前準備	□部屋を整える。 □名札，個別ファイル，模造紙，付箋，ペンなどの文具，自由遊びで用いる遊具，「宝箱」などをそろえる。 □配付資料12「3つの傷」を人数分用意しておく。

チェックイン（30分）

初めて出会うメンバー同士が，安心して過ごせるよう，暖かい雰囲気でグループに迎え入れる。入室した順番に，母子インテーク時に作成した名札を渡し，グループのなかで配付する資料を保存するためのファイル作りをするよう促す。ファシリテーターは，メンバーがファイル作りを進めることができるように援助し，メンバー全員が作り終わるまで，それぞれが安心してその場にいられるように配慮する。（必要なもの：名札，個別ファイル各1冊）

円になって座り，今日行うことを確認する。その後，これからグループで過ごす仲間と知り合うため，自己紹介を行う。

自己紹介の活動例①——名前と好きなもの

- ファシリテーターは，“名前と好きな動物を言いましょう”などとメンバーに投げかけ，一人ずつ順番に，自分の名前と好きな動物を言う。

- ファシリテーターは，メンバーの発言を必ず取り上げ，“同じ動物の名前を言った人がいたね”などと，メンバー間の共通点を見つけ，メンバー同士をつなげていく。

自己紹介の活動例②──共通点探し

- メンバー同士が2〜3人で1組になり，それぞれの共通点を探す。特に，発言することが難しいメンバーには“好きな食べ物は？”“好きな色は？”“私はあなたたち2人の共通点を見つけた。服に関することだけど，何だと思う？”など，具体的な質問を投げかけて，メンバー同士が共通点を探せるよう促す。
- メンバー同士による共通点探しが終わった後は，見つけた共通点を発表する。

このとき，ファシリテーターは，メンバー同士の共通点を積極的に取り上げて，他の参加者とのつながりが感じられるような活動にしていく。

MEMO

- 自己紹介は，自分のことを伝えるだけでなく，他のメンバーのことを知るための最初の活動となる。そのため「好きなもの」というように質問自体の侵襲性が低く，メンバーの肯定的側面でつながりを感じられるようなテーマを選ぶようにする。
- 各グループで見つけた共通点を全体で共有すると，新たにグループ同士のつながりが生まれる。このことは「私は一人ではない」というように，孤独感を減らす体験になる。同時に，メンバー同士のつながりを強め，メンバーの関係発展のきっかけとなる。

グループワーク1「ディスカッション」(15分)

グループの目的

“たくさんの共通点が見つかりましたね。ほかにもここにいるメンバー皆に共通点があります。どんな共通点があるでしょう？”“どうして皆さんがグループにきたのか，覚えている人はいますか？”“どうして今日はここにきていると思う？”などと，グループの目的を共通点探しの延長として尋ねる。

そして“このグループは，お父さんとお母さんの間で，暴力が起こっていたり，ケンカがあったりして，大変な思いをしていた子どもたちが元気になるためのグループです”と，このグループに参加している理由を理解できるようにする。

このときファシリテーターは，メンバーから出たさまざまな意見を肯定的に受けとめ，メンバーが「こういう発言をしてもよいのだ」という安心感を持てるように配慮する。

MEMO

- グループの目的を明らかにすることは，これから行う活動の方向性を明確にし，メンバーがそれらにかかわっていくことへの準備にもなる。
- グループの目的を伝えると，緊張して落ち着かない気持ちになるメンバーもいる。そのため，“家のなかで起きた暴力のことで，あなたたちが感じた気持ちや考えたことを話したり，これからあなたたちが，安全に生活するためのやり方を一緒に考えたりしていきます”とおおよその見通しを伝えるとよい。

グループガイドラインを作る

次に，グループガイドラインを作る。メンバーにはガイドラインが，グループで気持ちよく過ごし，メンバーの体や心の安全を守るためのルールであることを，次のように具体的に説明する。

“グループが気持ちよく進むように，これからガイドラインを作ろうと思います。どんなことがあるとみんなが安全で気持ちよく過ごせるかな？”

“ガイドラインとは，メンバーがグループで気持ちよく過ごすことや，メンバーの体や心の安全を守るためのルールのことです”

（必要なもの：模造紙1枚，宝箱）

ガイドラインで示すべきこと

- グループの皆を尊重する。
- 仲よく遊ぶ，わけっこする，順番を守る，人の話を聞く，助け合うなど，人間関係を促進する内容とする。
- 叩く，蹴る，悪口を言うなど，人を傷つける行為は許されないことを伝える。これは，自分の安全と同時に他者の安全を守ることにもつながることを明らかにする。
- ガイドラインができあがったら，子どもたちに模造紙の好きな場所にサインをしてもらう。グループガイドラインの紙にサインをすることは，自分がそれに従う，最善を尽くすことを示すものである。

ガイドラインは，誰かを傷つける行為以外は「しないこと」よりも「すること」に焦点を当て，できるだけ「〜をする」のように肯定的な表現となるよう工夫する。たとえば，「横入りしない」を「順番を待つ」，「人が話しているときは騒がない」を「人が話しているときは，静かに聞く」というように肯定的な表現にしてガイドラインに含めるのである。そして，すべてのメンバーがガイドラインを支持し同意できるようにする。

守秘義務について説明する

秘密を守る

「このグループのなかで話されたことや活動は，グループのなかだけのことにする」と守秘義務のルールについて伝える。しかし，あるメンバーが生活場面で傷つけられたり，他の誰かが傷ついたことが話され，しかもそのことがそのままになっていたなら，守秘義務のルールは当てはまらないということをあわせて伝える。守秘義務について説明すべきことを以下に示す。

宝箱ルール

ファシリテーターは，1つの箱を用意し，それを示して次のように話す。
「これは宝箱で空っぽみたいに見えるけれど，特別なものを入れることができます」
「特別なものとは，私たちがここ（グループ）で話すことや私たちの気持ちです。宝箱が開いているときには，自分についてのお話をしても大丈夫。でも，グループが終わったら，お話ししたことは宝箱に入れて閉めていきましょう」
宝箱を開け，皆から見える場所に置いておく。

母親たちからの報告によれば，守秘義務があるという理由で，グループについて母親に何も話さない子どももいた。しかし，子どもたちがグループについて母親と話すことは，母子関係の回復に役立つ。したがって，「お母さんに，あなたがグループのなかで発言したことや感じたことを話すのは大丈夫です。でも，他のメンバーがグループで話したことをあなたのお母さんに話すことはしないでくださいね」と伝える。

ファシリテーターにも守秘義務があることも伝える。守秘義務は，メンバーだけでなく，ファシリテーターにもあるが，次の場合は例外であることを説明する。
「皆さんがグループのなかで話したことは皆さんのもので，私は誰にも話しません。けれども，もし，あなたが誰かに暴力をふるわれていることをここで話して，誰もあなたを助けていない場合は，あなたたちを安全にしてくれる特別な人に伝えます。あなたたちが安全でいられるようにすることが，私の仕事になります。こういうときだけ，グループであなたたちが話したことを誰かに伝えることがあります」

グループワーク2「暴力について考える」(20分)

ワーク①「暴力を目撃した場所」(10分)

日常生活のなかで，さまざまな暴力に曝(さら)されていることを意識化できるように，暴力を目撃するすべての場所について考えてもらう。模造紙に大きな目を描き，“どんなところで暴力を見たでしょうか”と尋ね，発言を模造紙に書きとめ，全体で共有する。

暴力を目撃した場所の例
家，本，アニメ，映画，コンピューターゲーム，学校，電車のなか，公園，インターネット，新聞，テレビなど

この活動の最後には，“私たちは生活のなかで，こんなにたくさんの暴力に曝されています”とメンバーが曝される暴力の多さに触れる。そして，暴力とともに生活することで，傷つけられたり傷つけたりすることも多いため，暴力的であってもいいと思うかもしれないが，それは間違いであることを強調する。問題が大きすぎて止められないと感じられることもあるかもしれないが，「私たちは，それを止めることができる！」ということを伝える。

初回のセッションであるため，グループ内の信頼関係や結びつきは弱く，メンバーの発言が出にくい場合が多くある。そのときには，進行役以外のファシリテーターがいくつかの場所を挙げたり，あらかじめいくつかの場所を紙に書いておいたり，メンバーに付箋を渡して書くように求めるなど，メンバーの発言や表出が促されるような工夫をしていく。　（必要なもの：模造紙1枚）

ワーク②「3つの傷」(10分)

この活動は，暴力を目撃した場所に続いて行う活動である。壁に3枚の紙（タイトルは活動の終わりまでつけない）を貼り，“暴力を目撃してしまった場所について話し合ってきましたね。それでは，何が傷つき，何が暴力なのかを話し合いましょう”とメンバーに投げかける。

（必要なもの：模造紙3枚，付箋）

メンバーに付箋を渡し，暴力や人を傷つける行為を挙げ，それらを言葉やイラストで描くように促す。進行役でないファシリテーターは，メンバーの活動に添って支持したり，さまざまなタイプの暴力を書いたりする。書き終えたものはまとめて並べておく。

その間に進行役のファシリテーターは，模造紙の1枚には「外側の傷つき」，もう1枚には「内側の傷つき」，最後の1枚には「性的暴力」と書く。そして，これらの事柄がどのような暴力を表しているかを尋ね，メンバーがこれらの暴力の特徴について理解できるようにする。

説明の例
- “もし，誰かが叩いてきたら，どこが痛いかな？”と尋ねる。あるメンバーが“叩かれたところが痛い”と答えたら，“これは，身体の外側の見えるところが痛かったり，傷ついたりする暴力ですね”“これを「外側の傷つき」「身体的暴力」と言います”と説明し，「外側の傷つき」の紙に，人の絵を描き，身体の側にイガイガやギザギザのマークを加える。
- “もし，誰かがあなたの悪口を言ったら，どこが傷つきますか？”と尋ねる。メンバーの発言を待ち，“これは，気持ちが傷つく暴力ですね”“これを「内側の傷つき」「精神的暴力」と言い

ます”と説明する。「内側の傷つき」と書いた紙に，気持ちが傷ついた様子を表すためにハートが破れてギザギザになっている絵を描く。

- “誰かがプライベートパーツにむりやり触れようとしたり，プライベートパーツにさわるように頼んできたりするのを性的暴力と言います”と説明する。性的暴力の傷つきは，内側でも外側でも起こりうるということを話す。そして「性的暴力」と書かれた紙に「無理やり触る」など，ファシリテーターがあらかじめ用意した付箋を貼る。「性的暴力」の紙に，困った表情の顔のマークを描く。

3つの傷について説明したら，“付箋に書いた行為が，どの暴力や傷つきになるのかを整理してみましょう”と言い，並べた付箋をそれぞれの模造紙に貼りつけるよう，メンバーに伝える。

活動の最後は，メンバーが暴力を目撃した場所や，傷つくことについて，たくさんのことを学んだということと，このグループは安全な場所なので，そういうことを話してよいことを伝えて締めくくる。

MEMO

性的暴力については，他の呼び名はせず，そのままの名前で呼び，人を別の形で傷つけることだと紹介する。

おやつ（15分）

おやつの時間は，セッションにおいて，和やかで居心地のよい活動として重要である。お菓子は，メンバーの好きなものを出したり，個包装のものだけでなく，分け合うことができるようなものや，時には栄養があるものを選んだりするとよい。グループの場は話をしても安全であることがメンバーに伝わるよう，ファシリテーター同士も相互的な会話を展開させる。

また，おやつの時間の設定は，メンバーの状況によって柔軟に対応できる。

自由遊び（25分）

自由遊びは，ファシリテーターやメンバー同士で楽しく過ごしたり，ワークで学んだ内容を吸収し，理解したりするために重要な遊びの時間である。グループで用いた資料を手にするメンバーもいれば，ファシリテーターやメンバーと楽しく遊んだり，おしゃべりしたりするメンバーもいる。

チェックアウト(15分)

チェックアウトは，グループの終わりを認識し，外の世界に戻るためのクールダウンの時間である。自由遊びで使用した遊具などを片づけた後，初めのように円になって座る。そして，「今日のグループでよかったこと，いやだったこと」について一人一言ずつ話していく。ファシリテーターも，メンバーがその日の活動を振り返ることができるよう配慮しながら順に発言する。次に，配布資料をはじめに作った個別ファイルにしまうように伝える。同時に出席シールを配り，1回目の欄に貼るように伝える。

宝箱を閉めたい人を募り，宝箱を閉める。宝箱を閉じるときには，“今日やったことをここにしまっておこう”と言いながら，何かをしまうジェスチャーをし，秘密保持のガイドラインをメンバーが意識化できるように援助する。

最後に電信ゲーム（円になって手をつなぎ，ファシリテーターが隣のメンバーの手を握る。握られたメンバーはもう一方の手で隣のメンバーの手を握り，一周したら終了する）をする。これで今日は終わりだと伝え，退室を促す。

Session 2

さまざまな感情の理解

目標	• メンバーが，自分の感情を自覚することを助ける。 • メンバーが，自分の感情を表現する語彙を増やすのを助けるとともに，どのような感情も「あってよいもの」ということを知る。 • 感情の適切な表現方法を考える。
事前準備	□部屋を整える。 □名札，個別ファイル，表情カード，動物カード，模造紙，付箋，ペンなどの文具，自由遊びで用いる遊具，「宝箱」などをそろえる。 □グループワーク2のシナリオを書いた模造紙 □配付資料13「感情の種類」，配布資料3「氷山の絵」を人数分用意しておく。

チェックイン（15分）

ファシリテーターは待合室に子どもを迎えに行く人，部屋で迎え入れる人に分かれ，再び会えたことを喜び，メンバーを温かく迎え入れる。

名札をつけ，円になって座る。

ガイドラインを確認し，新たに加えたらよいことについて尋ねる。このとき，セッション1では挙げられなかったが必要と思われる事柄などをファシリテーターからも挙げていく。

宝箱を開けたいメンバーを募り，希望者に開けてもらう。これはグループの始まりを明確にするための儀式となる。

イラストで描かれた表情カードや動物カードを用意し，そのなかから，今日の気持ちを表すカードを1枚，または複数枚選んで，なぜそのカードを選んだかを説明するよう話す。なかなかカードを選べないメンバーには，グループに戻ってきてどのような気持ちなのかを話すよう促す。ファシリテーター自身が今日の気持ちを発言するときには，感情表現のモデルとなるようにする。

カードについて，全員が発言を終えた後，今日の予定を確認する。本日の予定は紙に書き，学校の時間割表のように壁に貼っておくと，メンバーにとっても活動の見通しが立ちやすくなる。

（必要なもの：表情カード，動物カード）

グループワーク1「感情についての話し合い」(20分)

メンバーが感情について考えることができるように，今日のテーマが「いろいろな気持ち」であることを伝える。そして，「気持ちって知っているかな？」「どうして私たちは気持ちを持っているのかな？」「どんな気持ちを知っているかな？」などと尋ね，メンバーの発言を模造紙に書きとめる。

（必要なもの：模造紙，配布資料13「感情の種類」）

メンバーの発言の例

- 嬉しい，楽しい，悲しい，恥ずかしい，怖い，わくわくする，つらい……

メンバーから発せられるポジティブな感情もネガティブな感情も，私たちに生じる「自然な気持ち」として受けとめる。「このグループではどんなことを話してもよいのだ」という，グループの安全な枠組みを，ファシリテーターがメンバーに態度として示すことが重要である。

メンバーからは，「暑い」「眠い」「疲れた」など，状態を表す言葉もよく発せられる。その場合ファシリテーターは「暑くていやだなと，今感じているんだね」などと感情に置き換えてフィードバックをする。

おおよそメンバーの発言が終わったところで，配布資料13「感情の種類」を配り，たくさんの感情があることや，感情を表すさまざまな言葉があることを知らせる。「感情があることで，日常行動の選択や決断ができる」ということをメンバーに伝え，この活動をまとめる。

グループワーク2「氷山の絵」(25分)

氷山のワーク

配布資料3「氷山の絵」を配布するとともに，模造紙に氷山の絵を描き，「これが何かわかりますか？」と尋ねる。そして，子どもたちが考えている間に，船を氷山の横に描き，「100年以上も前に大きな船がこれにぶつかり，沈んでしまいました」とタイタニック号のエピソードを話し，「何がこの船を沈めたと思う？」とさらに尋ねる。「見えている氷山をよけようと思ったけれども，それより早く，水面下に隠れていた氷山の部分にぶつかって沈んだ」ということを説明する。船底に氷山が突き刺さるように絵を示すと，メンバーにその状況が理解されやすい。そして，氷山には，「見えている部分（水面上の氷山）」と，「見えていない部分（水面下の氷山）」があることを確認する。（必要なもの：模造紙，配布資料3「氷山の絵」）

見えている感情と，隠れている感情についてのブレーンストーミング

次に氷山を「表面に見えている感情」と「隠れている感情」というように，私たちの感情にたとえる。「私たちは，感情を表すときもあれば，感情を見せないときもあって，状況によっては，感情を隠すことがよい場合もあります。けれども，ある事柄について何を感じているかがわからなくなると，タイタニック号のような状況になることがあります」と話をする。

そして，次に示す状況（シナリオ1〜3）について，「表面に見えている感情」と「隠れている感情」について話し合いを行い，感情には見えているものと，隠れているものがあることへの理解を促す。

活動の手順

①あらかじめファシリテーターがシナリオを選び，模造紙に書いておき，見えるように貼っておく。
②シナリオの状況について，見えている感情と隠れている感情を考え，付箋に書く。
③子どもたちは各自，氷山の模造紙に付箋を貼りつける。見えている感情は水面上に貼り，隠れている感情 は水面下に貼るように伝える。
④活動の最後に，たとえば，あなたが，「苦しいとき，傷ついたとき，困ったことが起きたとき，あなたがおどけておもしろおかしくふるまったら，周りの人は『何ともなかったんだ』と思うかもしれない」「いろいろな気持ちを持つのは自然なこと。そうした自分の気持ちのなかに隠れた感情があることに気づくことで，どのように行動したらよいかを知ることができます」とまとめ，終わる。

シナリオの例

- シナリオ1……Aちゃんは，おばあちゃんにキャラクターのリュックサックを買ってもらいたいと思っていた。けれども，おばあちゃんがくれたのは普通のリュックサック。おばあちゃんの前ではニコニコしていたけど，本当はとてもがっかりしていた。
- シナリオ2……Bちゃんが公園に行くと，お友だちがアイスを食べていた。お金を持っていないBちゃんは，本当はうらやましかった。けれど「私はそんなまずいアイス，食べないわ」と怒った声で言ってしまった。
- シナリオ3……Cちゃんは，お友だちに好きなマンガ本を貸した。ところが，お友だちはマンガ本にジュースをこぼしてしまった。お友だちは，Cちゃんに何度も謝った。それを聞いてCちゃんは「気にしなくていいよ」と言った。

MEMO

学童期の子どもにとって，タイタニック号のエピソードは理解できても，実際に見え

ている感情と隠れている感情がある，ということを理解するのは容易ではない。なぜなら，感情とは，心のなかで思うことであり，それらはすべて見えない感情と思いやすいからである。そのため，ブレーンストーミングでは，わかりやすく説明するために，隠れている感情を「本当の気持ち」と呼んだり，見えている感情と隠れている感情を対比しやすい状況設定をするとよい。

おやつ（15分）

楽しい雰囲気で食べることができるように配慮する。メンバーにとってもリラックスして過ごせる時間である。また，今日のワークをふまえ，感情に焦点を当てた会話をすると，メンバーたちのモデルになる。

自由遊び（30分）

メンバーが自由に活動を選べる時間である。メンバーはそれぞれの活動をするが，進行役のファシリテーターは，集団状況であることをしっかりと認識しメンバーや他のファシリテーターの様子をとらえて，必要な援助をすることが求められる。また，今日のテーマとつなげて，ファシリテーターは，「楽しいなあ」「悔しいなあ」などと，遊びのなかでの感情を言葉で表現していくと，メンバーの感情表現の語彙を増やしていくことにつながる。

チェックアウト（15分）

自由遊びで使用した遊具などを片づけた後，はじめのように円になって座り「今日のグループでよかったこと，いやだったこと」について一人ずつ聞く。感想が自由遊びの内容に集中する場合には，「今日はいろいろな感情について話しましたね。それについてはどうですか？」と尋ねる。その後，配布資料や出席シールを配り，メンバーが配布資料をファイルにとじるのを確認してから，宝箱を閉じる。メンバーの意識が宝箱に向いていないときには，声をかけるなどして，気持ちを静めて閉められるようにする。

電信ゲームをして退室する（電信ゲームについて，「もう一度やりたい」とリクエストがあった場合や，メンバーの様子が落ち着かない場合には，数回繰り返す）。

動物カードの作り方
〈材料を集める〉
インターネットで
雑誌で
カメラで
保存
Animal
各サイトの使用上の注意を
読んで守りましょう
〜集める時のポイント〜
○1匹、群れ、親子、父母、子どもたち、種類の異なる動物 など
○肉食動物、草食動物、海の生物、鳥、両生類 など
○かわいい、怖い、おもしろい、気持ち悪い、淋しい、悲しい など
⇒子どもたちが投影しやすいものをバリエーション豊かにそろえる。
〈30〜50枚程度用意する〉
〈ラミネートする〉
余分なフィルムは切り
角は丸くしておく。

Session 3

家族のなかで体験した暴力

目標

- 家族のなかでの傷つき体験について，グループで話してもよいのだということを知る。
- 自分は一人ぼっちではないということを知る。
- メンバーから聞いたことを受けとめ，メンバーの被害体験を承認する。

事前準備

□部屋を整える。
□名札，個別ファイル，表情カード，動物カード，模造紙，付箋，ペンなどの文具，自由遊びで用いる遊具，宝箱，絵を描くための紙，クレヨン，カラーペンなどをそろえる。
□動画（DVDまたはビデオ）を視聴するための道具をそろえる（パソコンやプロジェクターなど）。
□動画『KID STUFF』（https://www.nfb.ca/film/kid-stuff/［2023年4月14日閲覧］）。
□動画が用意できない場合，代わりの絵本を用意する。

チェックイン（15分）

入室し，円になって座る。宝箱を開け，ガイドラインを簡単に見直す。表情カードか，動物カードを出し「今日の気持ちを表しているものを1枚選びましょう。そして，そのカードを選んだ理由を教えてください」と伝える。なかなかカードを選べないメンバーには，グループに戻ってきてどんな気持ちかを尋ねる。最後に今日の予定を確認する。

このころになると，メンバーたちは，おやつや自由遊びの時間を楽しみにするようになる。メンバーから「ワークより，早く遊びたい」という発言がなされることもあるが，そのように感じたこと，感じた気持ちを言えたことを丁寧に受け取りながらも，活動の枠を崩さないように対応

をしていく。（必要なもの：表情カードや動物カード）

グループワーク1「家のなかで体験した暴力」（25分）

「今日のテーマは，家族のなかで起きた暴力やそのことで傷ついた気持ちについて話すことです」と，今日のテーマについて話をする。このワークでは，家族の暴力を取り上げた本や動画などのツールを用いて，本や動画のなかの登場人物についてのディスカッションからはじめ，徐々に，自己の体験について語るという順でディスカッション活動を行う。

動画を観る前に「これから動画を観ます。これは，お父さんとお母さんがケンカをしているときの子どもの話です」ということを伝えておく。そして観ている間，ぬいぐるみやクッションなどを抱いていていいこと，落ち着かない気持ちになったら，ちょっと離れてもよいことなどを伝える。このとき，メンバーが，自分からぬいぐるみなどを取りに行くのは難しいため，ファシリテーターが「どきどきするなぁ……」などとメンバーの緊張を言語化しながら，ぬいぐるみを選び，メンバーの行動を誘う。

（必要なもの：動画または絵本，動画視聴用の機材，緊張をやわらげるためのぬいぐるみなど）

『KID STUFF』

内容：両親のケンカの様子やそれを見聞きしている子どもの苦悩を，主人公の男の子が描く絵やパペットの動きによって表現しているクレイアニメーション（5分53秒）。

動画が手に入りにくい状況もあるので，その場合には，絵本の読み聞かせによってそれぞれの子どもが体験した暴力について話し，表現していくのもよい。絵本としては『パパと怒り鬼——話してごらん，だれかに』（作：グロー・ダーレ／絵：スヴァイン・ニーフース／翻訳：大島香織・青木順子，ひさかたチャイルド社）が適当と思われる。全部を読まなくても，主人公が手紙を書くという行動で一歩を踏み出すところまで読んで，子どもたちに「あなたたちは〜」と問いかけるといいだろう。ほかに適当な動画や絵本があればそれを使う。

動画（または絵本）を観終わった後は，次の事柄についてメンバーに尋ねる（この項目は，すべてについて話し合わなくてもよい）。

- 動画（または絵本）では何が起きていたか。
- 主人公はどんなふうに感じていたか。
- 主人公はどうしていたか。
- みんなの家でケンカが起きたとき，安全な場所に行くことができたか。
- 家で傷つく出来事（暴力）が起きたときのことを覚えているか。
- 家で傷つく出来事（暴力）が起きたとき，どう感じていたか。

ファシリテーターは，動画を観ることや絵本の読み聞かせによるメンバーへの影響を考え，メンバーの様子を慎重に観察し，丁寧に対応する必要がある。一見すると，落ち着かなかったり，ふざけたり，その場を離れたりなどして，直面化を避ける様子が見られることがある。しかし，他のメンバーの発言やファシリテーターの言葉をよく聞いていて，他のメンバーの発言に促されて，発言することもあるし，母親から「暴力のことを口外してはいけない」と言われていることが明かされることもある。体験した暴力の言語化については，個々のペースや事情に配慮してかかわることが大切である。

メンバーによっては，自分が両親の暴力を止めたことを「よいこと」と思っている場合がある。実際は，暴力の責任は子どもにはないのであるし，むしろ止めに入ることによって，メンバー自身の安全が守られなくなるため，危険な行為である。しかし，このセッションでは，本当は子どもが止めなくてもよいことを伝えつつも，自分が止めなかったら家族が壊れてしまうと思ったなどの止めざるを得ない気持ちを否定せず受けとめ，認めていく。他方で，安全な行動の選択をしているにもかかわらず，その行動に自責の念を持っているメンバーがいることもある。それは安全な行動の選択はしてよい行為であったことを伝えていく（安全計画をするセッション6につながることも伝えてもよい）。

> MEMO
>
> このセッションとグループ全体の目的は，メンバーが自分の体験を話しやすくなることにある。このワークによって，再度の外傷体験とならないよう，使用するツールについて，ファシリテーターは事前によく知っておく必要がある。

グループワーク2「体験した暴力を表現する」(20分)

「動画（または絵本）のなかの男の子は大変な思いをしていたね。あなたのお家ではどうだったかしら。あなたが経験したお家での暴力を絵に描いてみましょう。難しかったら，動画（または絵本）の男の子のことを絵にしてみてもいいですね」。描いた絵は，宝箱（この場）に残しておけることを説明する。描いている間は，全員が机に向かう必要はなく，自分が落ち着いていられる場所にいてよいことを伝える。描き終わったら，絵についての説明をしてもらう。最後にメンバーに対して，話ができたことをねぎらう。メンバーが直面化を避け，説明することをためらったり，拒否したりする場合には，グループワーク1と同様にファシリテーターが必要に応じて援助する。

（必要なもの：絵を描くための紙，クレヨン，カラーペンなど）

おやつ(15分)

このセッションにおけるおやつは，暴力の体験に直面化したワークから解放される時間としての意味を持つ。おやつの準備をメンバーに手伝うよう促し，楽しく，リラックスして食べる。

自由遊び（30分）

自由に楽しく遊ぶ時間である。このセッションの自由遊びでは，特に，体を使って発散する遊びや，トンネルに入り込むなど，外側から包まれたい気持ちが見える遊びが展開する場合がある。ファシリテーターは，メンバーの自発的な活動に任せつつも，個々の遊びや集団の関係に配慮したり，個々の遊びが発展するようかかわる。

チェックアウト（15分）

自由遊びで使用した遊具などを片づけた後，はじめのように円になって座り，「今日のグループでよかったこと，いやだったこと」について一人ずつ聞く。感想が自由遊びの内容に集中する場合には，「今日は家族のなかでの暴力について話しましたね。それについてはどうですか？」と尋ねる。

その後，出席シールを配り，メンバーが配布資料をファイルにとじるのを確認してから，宝箱を閉じる。メンバーの意識が宝箱に向いていないときには，声をかけるなどして，気持ちを静めて閉められるようにする。

電信ゲームをして退室する（電信ゲームについて，「もう一度やりたい」とリクエストがあった場合や，メンバーの様子が落ち着かない場合には，数回繰り返す）。

Session 4

暴力の責任と理解／さまざまな問題解決

目標	ある行為の責任はその行為をした人にあることを知る。両親間の暴力は子どもの責任ではないことを知り，自責感を軽減する。また，誰でも問題を経験するということを理解し，問題解決の方法を考える。
事前準備	□部屋を整える。 □名札，個別ファイル，表情カード，動物カード，模造紙，付箋，ペンなどの文具，自由遊びで用いる遊具，宝箱などをそろえる。 □グループワーク2「問題が起こったら……」で行うロールプレイのために，問題状況のシナリオを模造紙に書いておく。 □配布資料14「わたしの責任」，配布資料15「問題解決ワークシート」を人数分用意しておく。

チェックイン（15分）

入室したら，名札をつけて円になるよう促す。このころになると，メンバーはそれぞれ居心地のよい場所を選ぶため，場からそれほど離れていなければ，必ずしも正確な円になる必要はない。

ガイドラインを確認し，宝箱を開ける。

表情カードあるいは動物カードを選び，今日の気持ちを話した後，今日の予定を確認する。なかなかカードを選べないメンバーがいても，選べないことや発言しないことが，ネガティブな体験とならないように配慮する。

（必要なもの：表情カード，動物カード）

グループワーク1「暴力の責任について」(25分)

「今日は責任と問題の解決について考えることがテーマです。まず，責任についてです」と伝え，模造紙に「責任」と書く。“家で，お父さんとお母さんがケンカをするのは，なぜだと思いますか。その原因は何だと思いますか？”と尋ね，メンバーの発言を待つ。　（必要なもの：模造紙1枚）

メンバーの発言の例
- 「子どもが悪いことをするから，子どものせい」
- 「お父さんは○○と言ったのに，お母さんがそれをしなかったから」
- 「お父さんはすぐ怒るから，お父さんが悪い」

これらの発言を聞いた上で「お父さんとお母さんの間に何が起こっているかを理解することはとても難しいことですね。それらを考えることで，あなたたちの気持ちは，悲しい，怖い，辛い，寂しい，不安など，とっても混乱します。けれども，お父さんとお母さんのケンカは，子どもたちには責任はありません」「お父さんとお母さんがどう行動をするかは，子どもの責任ではありません」と，責任について説明をする。

次に，模造紙の左側に「責任があること」，右側に「責任がないこと」と書き，「それでは，子どもが，自分で責任を取るべき行動にはどんなことがあるでしょう」「子どもに責任がない行動には何があるでしょう」とメンバーに尋ね，発言を書きとめる。

メンバーの発言の例
- 子どもに責任があること→歯を磨くこと，宿題をすること，友だちと仲よく遊ぶこと
- 子どもに責任がないこと→お父さんとお母さんのケンカ，食べ物を買うこと，洋服を買うこと，洗濯をすること……

自分の言動には責任があること，自分の言動は時に人を傷つけるものもあると認識できるよう促す。

MEMO

- 子どもたちは両親のケンカを，自己に関係させて考えており，自分のせいだと思っていることも少なくない。メンバーの発言からは，子どもに関することでケンカが起こると自責感が強まる様子がうかがえた。
- この活動で子どもたちは，他者の行為には自分に責任がないことを知り，その上で自分の行為には責任を負うことを理解する。しかし，「暴力行為を行った責任は父親にある」ということまで理解しなくてもよい。このセッションでは，「父親の行為の責任」を理解させるのではなく，子どもに，両親の暴力について「子どもには責任がない」

ということの理解を促し，自責感を減らすことを目的としている。

- これまでの経験から，両親のケンカの責任について，「責任がない」と理解しても，子どもたちの感情としては，そう単純に分けられるものではない。両親の暴力を止めることに関しては「子どもに責任がある」と強く感じている場合もあった。子どもに添いながら行為とその責任という考え方をたどり，最終的に両親間の暴力を止めることについても，子どもの責任ではないという認識を得ることができた。しかし，「子どもだったらケンカを止められる」「ケンカを止めたい」など，メンバーの体験や感情を大事にしながら，進めていくことが重要である。またこのとき，セッション6の安全計画のテーマへとつなげると，両親の暴力が起きたときにどのように行動したらよいかについて，見通しを持つことができる。

グループワーク2「問題が起こったら……」(20分)

問題となる出来事

次に「困ることについて話をします。自分が思っていた通りにならないと問題が起きてきます。みんな，問題ってあるよね？」とメンバーに困った体験を尋ねる。メンバーの発言を待ち，問題はいつでも起こりうるものであることを伝える。

メンバーの発言の例

- テストの点数が悪かった，嫌いな食べ物が給食に出た，鉛筆をなくしてしまった

問題解決のロールプレイ

問題状況（シナリオの例を参照）が書かれた模造紙を提示し，メンバーに配布資料15「問題解決ワークシート」を配る。提示された問題状況について，解決のアイディアをメンバーに尋ねる。そしてそれらを「問題解決ワークシート」のステップに沿って，その解決方法は「安全かどうか」「フェアかどうか」「実際に可能か，使えそうか」について考えていく。

（必要なもの：問題となる状況が書かれた模造紙，配布資料15「問題解決ワークシート」）

シナリオの例

- シナリオ1……あなたは学校から帰ってきて「宿題をする前におやつをちょうだい」とお母さんに言いました。お母さんは「いいわよ」と言いました。あなたがアイスクリームを皿によそっていると，妹がやってきて「私もアイスクリームを食べたい」と言いました。アイスクリームはちょうどあなたが食べる分しかありません。お母さんは「いいわよ」と言いました。あなたにとっては問題です。あなたはどうしますか？

- シナリオ2……あなたは，仲良しの友だちと一緒にお菓子を買いに行きました。あなたとお友だちは，同じお菓子が大好きです。ところが，お店には，そのアイスが1つしかありませんでした。あなたにとっては問題です。あなたはどうしますか？
- シナリオ3……ある日，グループの友だちとあなたは出かけました。しかし彼らは，あなたに話しかけてきません。そのうち一人が，グループメンバーの一人が陰で悪口を言っているのだと言いました。あなたはそれが本当だと知っています。あなたはどう感じますか？　何をして，何と言いますか？
- シナリオ4……学校の休み時間，あなたは登り棒で友だちと遊んでいました。クラスの一人が，あなたと友だちに「一緒に遊ぼう」と言いました。あなたは「いやだよ，私たちはあなたが大嫌いなんだ」と言いました。そのクラスメイトは，明らかに傷ついています。あなたは何をして，何と言うことができるでしょうか？　クラスメイトはどんな気持ちでしょうか？　クラスメイトは何ができて，何と言えるでしょうか？
- シナリオ5……あなたの友だちは，あなたの家に泊まりにくる予定でした。でも電話で友だちは「家族のルールを破ったから行けなくなってしまった」と言いました。あなたはがっかりして，その日の夕方に友だちに電話をしようと決めました。電話をしたら，友だちの親が，彼女は別の友だちと映画に行って留守だと言いました。あなたはどう感じますか？　何ができて，何と言えますか？
- シナリオ6……夏休み明けに，登校していました。あなたの後ろの子が「このかっこ悪い帽子かぶっているの，誰？」と言いました。その子はあなたのすぐ後ろでそう言っています。あなたはどう感じますか？　何ができて，何と言えますか？
- シナリオ7……学校で誰かがあなたを脅し，放課後，ケンカをすると言いました。どう感じますか？　何ができて，何と言えますか？
- シナリオ8……あなたはベッドに行くのを怖がっている弟（妹）をからかっていました。あなたは「なんだ，弱虫め」と言いました。弟（妹）は怒って泣き出しました。あなたはどう感じますか？　弟（妹）はどう感じるでしょうか？　何が言えますか？

メンバーの発言の例（シナリオ1・2から）
- じゃんけんをする，違うおやつを食べる，お母さんに言う

次に，シナリオに沿ってロールプレイをする。

多くの子どもたちはこの即興劇を楽しみ，実際に動いてみることで，別の選択肢を見つけたり，うまくいかないことに気づいたりする。うまくいかない時には，ファシリテーターがかかわり，新たな状況設定をするなどして，メンバー自身が問題解決に向けて自発的にふるまえるように援助する。

活動の手順

①メンバーが考えた解決のアイディアのうち，どの方法についてロールプレイをするか決める。
②役割を決める。多くのメンバーが参加できるよう母親や店員など本人以外の役割も設定し，自

主的な参加を募る。また，なるべく全員がかかわれるように場面を設定する。
③その状況に必要な物（レジ，買い物かごなど）を用意する。
④ロールプレイをする。
⑤それぞれの感想を尋ねる。

MEMO

- 問題状況については，メンバーの構成によって工夫する必要がある。たとえば，メンバーに兄弟・姉妹関係が多ければシナリオ1を，兄弟・姉妹関係が少なければシナリオ2を使用すると，より身近な問題の解決を考える機会になる。地域や年齢，家族構成などグループのメンバーに合わせた問題状況を設定することが望ましい。
- 問題解決のアイディアについて「何が正解か」ということではなく，「安全かどうか」「フェアかどうか」「実際に可能か，使えそうか」といったポイントに沿って考える方法を知ることが，この活動の目的であり，正解を決める必要はない。
- メンバーが試行した方法が良いか悪いかを判断するのではなく，それぞれが自身に合ったやり方を考えていくプロセスが重要である。
- ロールプレイをしたメンバーに対し，他のメンバーとスタッフから拍手を送る。

おやつ（15分）

おやつを運び，“コップを並べてくれますか”“お茶をいれるのを手伝ってください”と，社会的行動を練習する機会となるように促す。楽しくリラックスして食べる。

自由遊び（30分）

自由に楽しく遊ぶ時間である。メンバーはそれぞれ好きなことをして過ごす。自由遊びのときに問題状況が起きたら，今日行った問題解決の方法を用いるように促していく。

チェックアウト（15分）

自由遊びで使用した遊具などを片づけた後，はじめのように円になって座り「今日のグループでよかったこと，いやだったこと」について一人ずつ聞く。感想が自由遊びの内容に集中する場合には，「今日は暴力の責任と問題解決について話しましたね。それについてはどうですか？」と尋ねる。

その後，出席シールを配り，メンバーが配布資料をファイルにとじるのを確認してから，宝箱を閉じる。電信ゲームをして退室する。

母親グループとの連絡事項（5回目のセッションで母親に伝えてほしいこと）

- 「わたしはこんなところが好き！」カードを作るために，6回目のセッションで個々のメンバーの写真を撮ることの了承を得る。
- 6回目の安全計画のセッションでは，警察や消防署，児童相談所への連絡方法を練習することも伝え，了承を得る。

Session 5

怒りの理解と表現

目標

- 怒りのように，ネガティブな感情もあってよいということを知る。
- だれでも怒りを感じてよいということ，怒りは自然な感情であることを理解する。
- 怒りを感じたからといって，人を傷つけてはいけないことを理解する。
- 怒りの適切な表現を知る。

事前準備

□部屋を整える。
□名札，個別ファイル，表情カード，動物カード，模造紙，付箋，ペンなどの文具，自由遊びで用いる遊具，宝箱などをそろえる。
□火山の道具をそろえる（バケツ，バット，計量カップ，酢，水，重曹，粉石けん，食紅，アルミホイル）。
□配付資料16「怒りの温度計」，配付資料17「怒りとはなんでしょうか」を人数分用意しておく。

チェックイン（15分）

入室したら，名札をつけて円になって座るように促す。ガイドラインを確認し，宝箱を開ける。表情カードや動物カードを選び，今日の気持ちを話した後，今日の予定を確認する。

今日の気持ちを言う際，ファシリテーターは「ジュースを買おうと思ったら，後から来た人に割り込みをされて，今も少し怒っています」など，この回のテーマである「怒りの感情」を意識した表現をする。

（必要なもの：表情カード，動物カード）

グループワーク1「怒りの感情について」(15分)

「今日は怒りについて考えることがテーマです」と伝え，模造紙に「怒り」と書く。怒りの体験についてメンバーに尋ね，模造紙に書きとめる。メンバーからだけでなく，ファシリテーターからも怒りの体験を具体的に出していく。

メンバーの発言の例

• いじめられたとき，ズルされたとき，自分が悪いことをしていないのに叱られたときなど

配布資料16「怒りの温度計」を配る。模造紙にも同じ絵を描き，先ほど発言した怒りが何度くらいであるかを話し合う。このとき，怒りの温度はそれぞれであり「同じことが起きても，怒りの度合いはいろいろなのですね」と，他者と自分とは違うということに気づくよう伝える。

ファシリテーターは，「怒りを感じたとき，怒りの温度を下げるためにどういう行動するかな？」と問いかける。メンバーの発言に対して「それはどこでもできる方法だね」「好きな音楽を聴くのもいい方法だね」など肯定的に返し，メンバーが自分にもできそうな解消方法の幅を広げられるよう配慮する。「相手を殴る」など不適切な解消方法が出た場合には，そうしたい気持ちを否定せずに受け止めながら，セッション1の「3つの傷」を振り返るなどして，適切な方法に気づくことができるよう援助する。

メンバーの発言の例

• 深呼吸をする，ゲームをする，音楽を聴く，散歩に行く，友だちと遊ぶ

この活動の最後に配布資料17「怒りとはなんでしょうか」を配布し，「怒りの感情は自然で大切なものです。けれども，怒りの温度を下げずに，溜めたままにしておくと，ある日突然，火山のように爆発してしまいます」と言い，怒りは自然な感情で大切な感情のひとつであること，それを溜めたままにすると爆発してしまうことを伝える。

（必要なもの：模造紙1枚，配布資料16「怒りの温度計」，配布資料17「怒りとはなんでしょうか」）

MEMO

怒りの温度については，この後のグループ内で繰り返し活用することが重要である。たとえば，メンバー同士でトラブルが起きた際に，「今の怒りの温度は何度かな？」と問い，「では，落ち着きを取り戻すために，みんなで深呼吸をしてみよう」と促し，「今度は何度になったかな？」と温度が下がっていることを確認することもできる。そうして，自身の感情を認識しやすくすることで，対処方法を考える客観性が生まれる。さらに，温度が下がることを確認することで，対処方法の効果を感じながら，落ち着きを取り戻すことができる。ファシリテーターは，そうしたことを意識しながら，メンバーが対処方

法を身につけられるよう，このセッションだけでなく，グループ全体において援助する必要がある。

グループワーク2「怒りの火山」(30分)

「これから，怒りの火山を作ります」「火山とはどういうものか知っていますか？」とメンバーに問いかけ，「怒りの火山」を作る。　(必要なもの：火山作りの道具，材料)

活動の手順

①メンバーを3～4人のグループに分ける。
②机の上にビニールシートを敷き，前もってファシリテーターの作成した火山のセットをのせる。
③山の頂上に，重曹や粉石けん，食紅をメンバー一人ひとりが入れ，かき混ぜる。このとき，小さめのスプーンを用意して全員が1回ずつ入れられるようにする。入れる際は，「どんな怒りの気持ちを入れますか？」とメンバーそれぞれが感じた怒りの気持ちを表現しながら入れていく。
④「たくさんの怒りの気持ちが溜まりました。そこに，ちょっとしたきっかけが起こるとどうなるでしょう」と話し，「ふとしたきっかけ」にあたる酢を入れるよう伝える。酢を入れるとぶくぶくと泡が溢れてくる。メンバーは酢を入れたがるため，少しずつ入れて，全員が入れられるよう調整する。
⑤溶岩が溢れ出して流れる様子を見ながら，「怒りを溜め込んでいると，ちょっとしたきっかけで怒りがどんどん溢れてきて，止められなくなりますね」と伝える。
⑥「それでは，落ち着きを取り戻す方法を考えましょう。さっきは，深呼吸をするなどが出ました。それぞれ，自分のやり方を言いながら入れてみてください」と怒りを解消する方法を話しながら水を入れるよう指示する。水を入れると泡がすべて流れ出し，赤い水だけになる。
⑦完全に鎮まったのを確認して，ファシリテーターは静かな雰囲気になるよう声のトーンを落とし，「みなさんがそれぞれ素晴らしい方法で怒りの温度を下げたので，怒りが鎮まりました」と話す。

火山の活動が終わった後は，怒りの火山を見てどう感じたか，どんな方法で落ち着きを取り戻したかを尋ねる。

MEMO

「怒りの火山」は，最後のセッションで好きだった活動を挙げる際にも，多くのメンバーが挙げる活動で，内容についてもよく理解しており，楽しみながら理解を深められる活動である。メンバーのなかには，“もっと大きな火山を作りたい”と，怒りの深さが感じられるような発言をしたり，怒りの火山のなかに手を入れて感覚を確かめたりする者もおり，感情を外在化し，体験から気づきを得ていく様子が見受けられた。そうしたことからも，メンバーができるだけ意識をこの活動に向けられるよう，こぼしにくく，使いやすい道具を選んだり，ビニールシートやぞうきんを用意したり，服が汚れるかもしれないことを母親たちに伝えておいたり，といった配慮が必要である。

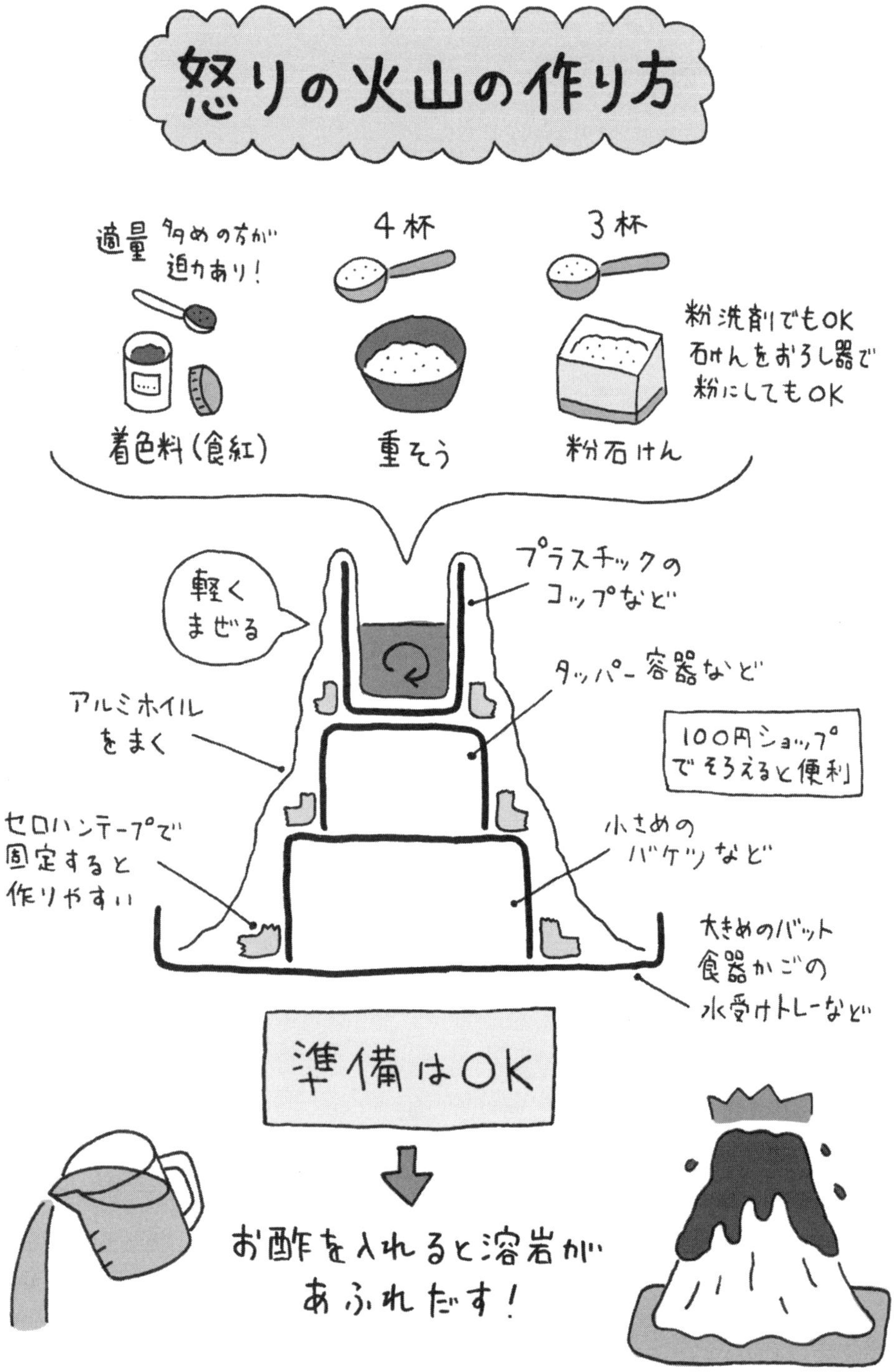

おやつ（15分）

ファシリテーターは部屋におやつやお茶を運び，メンバーにも手伝うように伝える。楽しく，リラックスして食べる。

このとき，「あと2回でグループが終わります」「最後の日にお別れパーティーをやりたいと思います」「そのときにしたいことや食べたいものについて，次回に，話し合いをするから考えておいてください」と，お別れパーティーについて伝える。

> MEMO
>
> 「お別れパーティー」で食べたいものをメンバーに尋ねるが，食物アレルギーや衛生上の理由でメンバーの望み通りにはならないこともある。そうしたメンバーがいることが，あらかじめわかっている場合には，やりたいことだけを話し合う。そして食べ物については，スタッフ側で全員が安心して食べられ，楽しめるものを用意したり，スタッフがあらかじめ選んだいくつかのものからメンバーに選択してもらうなどの工夫をするとよい。

自由遊び（30分）

自由に楽しく遊ぶ時間である。メンバーはそれぞれ好きなことをして過ごす。

チェックアウト（15分）

自由遊びで使用した遊具などを片づけた後，円になって座り「今日のグループでよかったこと，いやだったこと」について一人ずつ聞く。感想が自由遊びの内容に集中する場合には，「今日は怒りについて学びましたね。それについてはどうですか？」と尋ねる。

その後，資料や出席シールを配り，メンバーがファイルにとじるのを確認してから，宝箱を閉じる。メンバーの意識が宝箱に向いていないときには，声をかけるなどして，気持ちを鎮めて閉められるようにする。電信ゲームをして退室する。

Session
6

暴力が起こったときの家族の変化／安全計画（性的暴力の防止）

目標	•家族の変化を認識し，今の家族が特別で大切な家族であることを知る。 •安全かつ信用できる人と場所を見つけることを助ける。 •助けてくれる場所や人への連絡方法を知る。
事前準備	□部屋を整える。 □名札，個別ファイル，表情カードや動物カード，模造紙，付箋，ペンなどの文具，自由遊びで用いる遊具，宝箱，白紙（コピー用紙など）などをそろえる。 □配付資料18-1・18-2「わたしの安全計画1・2」を人数分用意しておく。

チェックイン（15分）

入室したら，名札をつけて円になって座るように促す。ガイドラインを確認し，宝箱を開ける。表情カードや動物カードを選び，今日の気持ちを話した後，今日の予定を確認する。

グループワーク1「家族の変化」（20分）

「今日は，家で暴力があったことで起きた，家族の変化と自分たちの安全について考えることがテーマです。まずはじめに，変化について考えます」と伝え，模造紙に「変化」と書く。

「家族で起きた暴力やケンカのために，お父さんとお母さんが離れて暮らすようになったり，住んでいるところが変わったり，いろいろと変化することがありますね」と話す。「みなさんが経験した変化には，よかったと思う変化もあれば，いやだなと思う変化もあったかもしれません。みなさんのお家では，どんな変化がありましたか？」と尋ね，発言を模造紙に書きとめる。

メンバーの発言の例
良い変化
• 新しい友だちができた。
• お母さんに傷がなくなった。
• ケンカの声が聞こえなくなった。
悪い変化
• 前の友だちと離れ離れになった。
• お父さんと遊べなくなった。
気持ちの変化
• うれしいけど寂しい，ほっとした，よかった。

メンバーの発言が良い変化であっても，悪い変化であっても，「そのとき，あなたはどんな気持ちだったか」など，メンバーが自分の気持ちに気づくように手助けし，「そういう気持ちになることもあるよね」と，メンバーの気持ちが正当なものであると伝える。また，発言に対し，「同じような変化を経験した人はいますか？」と他のメンバーに聞くことで，同じような経験をした仲間がいると感じられるよう支援する。

変化した後の家族を肯定的にとらえるために，感想とともにメンバーに，今の家族がどんな形であるかを尋ね，「どの家族も特別な家族です」と伝える。

そして，自分に起きた変化やそのときの気持ちについて，安全な人に話すことは，大事なことだと伝える。

（必要なもの：模造紙1枚）

MEMO

メンバーが変化後の家族を肯定的にとらえることができるように配慮する。父親と離れて過ごすようになったことを，父親が欠けたととらえるのではなく，いろいろな家族の形があり，新しい形としてこれから過ごしていくのだと感じられることは，「今の家族」に対する肯定的な感情を育てることにつながる。

グループワーク2「自分の安全計画」（25分）

安全な人

「家族のなかにいろいろな出来事があったとき，いろいろな気持ちを持ちます。うれしいとか怖いとか寂しいとか，1つだけじゃなくて，うれしいけど寂しいとか，たくさんの気持ちをいっぺんに感じることもあります」「そういう気持ちになったとき，誰にも話せないと辛いですね。話せる人はいますか？」など，メンバーにとって安全な人がいるかどうかを尋ね，発言を待つ。

メンバーの発言の例
お母さん，学校の先生，友だち，おじいちゃん，おばあちゃん，相談室の先生

模造紙に大きな手を描き，メンバーの発言をそれぞれの指に書き込む。おおよそ5種類の人（親や親戚，友だち，学校でかかわる大人，警察，相談機関の大人など）が挙がるようにする。次にメンバーに白紙を渡し，自分の左の手のひらをなぞって描く。描かれた5本の指に「わたしにとっての安全な人」を考え，書き込むよう伝える。

5人を書くのが難しそうなメンバーには，「親戚の人はどうかな」「このグループのお兄さんお姉さんもいるよ」などと声をかけ，5本の指が埋まるようにする。「先生」など具体的でない場合には，「なんていう先生かな？」と具体的に書くよう促す。（必要なもの：模造紙1枚，白紙（人数分））

安全計画

配布資料18-1・18-2「わたしの安全計画1・2」を配り，「家族のなかで暴力が起きたときに，できることを考えましょう」と伝える。

ワークシートを用いながら，連絡できる場所として警察や地域の児童相談所があることを知らせ，そこに電話番号を記入するよう伝える。電話をかける場所について，ファシリテーターは，利用できるチャイルドラインや，いのちの電話など，地域の実情に合わせて相談できる電話番号をあらかじめ調べておく。

記入後は，救急車を呼ぶ，相談の電話をかけるなど安全を得るためにできることをロールプレイでやってみる。

（必要なもの：配布資料18-1・18-2「わたしの安全計画1・2」）

MEMO

このワークでは，メンバーが「俺，救急車呼んだことある」「警察に電話してって言われて電話した」などと自分の経験を話すことがある。ファシリテーターは，それらを受容的に聞く。また，ケンカを止める直接的な行動を取らなかったことで，責任を感じているメンバーも少なくないため，自身の身の安全を守るために部屋に閉じこもったり，逃げたりすることは大事なことだと伝える。

おやつ（15分）

ファシリテーターは部屋におやつやお茶を運び，メンバーにも手伝うように言う。この回のおやつでは，次回で最後だと伝える。次回は「お別れパーティー」をするが，そこでやりたいことを考えてきたかを聞き，意見を出してもらう。「音楽を聞く」「全員でドッジボールをする」など，子どもから出た意見を模造紙に書いていく。それらの意見を聞いた上で，メンバーの意見を大事

にしてスタッフで考えると伝える。また，パーティーでみんなで食べたいものも意見を聞く。楽しくリラックスしておやつを食べる。

（必要なもの：模造紙1枚）

自由遊び（30分）

メンバーが自由に活動を選べる時間である。メンバーは好きなことをして過ごす。

MEMO

このころになると，数人のメンバーが集う遊びも展開することが多くなる。ファシリテーターは集団遊びへの援助なども状況に応じて行い，メンバー同士の関係が発展するように援助する。

チェックアウト（15分）

自由遊びで使用した遊具などを片づけた後，はじめのように円になって座り「今日のグループでよかったこと，いやだったこと」について一人ずつ聞く。感想が自由遊びの内容に集中する場合には，「今日は家族の変化や安全計画について考えましたね。それについてはどうですか？」と尋ねる。

その後，メンバーがファイルに配布資料をとじるのを確認してから，宝箱を閉じる。電信ゲームをして退室する。

Optional Session

私の安全計画
（性的暴力の防止）

グループのメンバーに性的暴力を受けた経験のある子どもがいる場合や，メンバーによって性的暴力の理解が必要と感じられた場合に，このワークを取り入れる。

目標

- 性的暴力について知る。
- 性的暴力の被害の責任は自分にはないと理解する。
- 性的暴力についての意識を高める。
- 自分の安全計画を実行できるようにする。
- 自分の周りに，安全でかつ信頼できる人を見つけることを手助けする。

事前準備

□部屋を整える。
□名札，個別ファイル，表情カードや動物カード，模造紙，付箋，ペンなどの文具，自由遊びで用いる遊具などをそろえる。
□配付資料19「プライベートパーツ」，配布資料20「大丈夫なこと，大丈夫じゃないこと」を人数分用意しておく。

チェックイン（15分）

入室したら，名札をつけて円になって座るように促す。ガイドラインを確認し，宝箱を開ける。動物カードを選び，今日の気持ちを話した後，今日の予定を確認する。（必要なもの：動物カード）

グループワーク1「ディスカッション」(35分)

性的暴力

「今日のテーマは性的暴力です。1回目のセッションで，外側の傷と内側の傷，それから性的暴力について話し合いましたね。性的暴力とはどんな暴力だったでしょうか？」と，セッション1で使用した模造紙を示す。そして，「性的暴力とは，誰かがプライベートパーツにむりやり触れようとしたり，プライベートパーツに触るように頼んできたりすることでしたね」「プライベートパーツについて話すことは，ちょっと恥ずかしいかもしれないけれど，あなたの安全を守ったり，そういう状況になったときにどうしたらいいのかを学んだりするのに，とても大切なことなのです」と話す。配付資料19「プライベートパーツ」を配り，性的暴力について確認をする。

（必要なもの：配布資料19「プライベートパーツ」）

性的暴力の例

- あなたの許可なく，あなたのプライベートパーツを触ろうとしたり，触らせてほしいと言ってきたりして，あなたがそれを不快に思うこと。
- 服を脱いでほしいと頼んでくること。
- 誰かが自分の下着を脱いで見せたりすること。
- 誰かがあなたに裸の写真を見ることを強制すること。

例をいくつか挙げた後，「でももし，そうすべきではないときに誰かがあなたのプライベートパーツに触れたり，頼まれてあなたが誰かのプライベートパーツを触ったりしたとしても，あなたが悪いわけではありません。これはあなたの責任ではないのです」「プライベートパーツを触ったり，触るよう頼んだりした，その人の責任なのです」と伝える。

MEMO

- このワークについては，メンバーの構成や状況を見て，配慮することが重要である。“性的暴力”や“プライベートパーツ”という言葉は他の言葉で呼ばれることもあるが，グループではこのまま使う。
- セッション4で責任について話し合った内容を振り返りながら，性的暴力を受けても，それはメンバーの責任ではなく，行為をした人の責任であることを強調して伝える。性的暴力の被害を受けた可能性のあるメンバーがいる場合，この点は，特に配慮が必要である。性的暴力を受けたのは自分の責任であると感じないように，子どもに責任はないことを強調し，そのメンバーが安心して過ごせるように，十分に配慮する。

絵本を読む

円になって座ってもらう。性的虐待についての絵本で，グループの年齢と発達段階に合ったものを1冊読む。性的暴力への理解を深め，対処方法や被害にあっても，それは子どもたちの責任ではないと理解することを目的とする。絵本はあらかじめ目を通しておき，必要な箇所だけ読むのもよい。

大丈夫なこと，大丈夫じゃないこと

4つの場面が描かれた配布資料20「大丈夫なこと，大丈夫じゃないこと」を渡し，「これらのことが起きても“大丈夫”か“大丈夫じゃない”か一緒に考えましょう」と伝える。一つひとつの場面を示し，どういう状況なのか，皆で考える。そして，その場面が，大丈夫か，大丈夫じゃないか，つまり性的暴力か，そうではないか，どうしてそう考えられるのか，理由を話し合う。

4つの場面の説明

- 場面1……たけしは性器に湿疹ができてしまいました。お母さんがたけしをお医者さんのところに連れて行ったら，お医者さんは彼に「下着を脱いで，みせてごらん」と言いました。
  これは「大丈夫？　大丈夫じゃない？」
- 場面2……いちろうおじさんは，ゆみこにいつもとても優しいです。家に来るたびに，プレゼントをくれます。ゆみこはおじさんが大好き。ある日，おじさんはゆみこに，彼の性器に触るように頼みました。
  これは「大丈夫？　大丈夫じゃない？」
- 場面3……ゆうたはお風呂に入っています。お母さんがタオルを持って，足の間を洗ってくれます。
  これは「大丈夫？　大丈夫じゃない？」
- 場面4……高校生の男の子が広場にいます。ひろしは放課後にそこへ出かけました。その大きなお兄さんはひろしとゲームをして，ひろしが勝つと抱きしめてひろしのお尻をなでました。
  これは「大丈夫？　大丈夫じゃない？」

メンバーが状況を理解しにくい場合や大丈夫かどうか迷っている場合は，「この人は，聴診器をしているね」「この人は，小さい子のお尻のところに手を伸ばしているね」など，ファシリテーターは理解を促すようにする。　（必要なもの：配布資料20「大丈夫なこと，大丈夫じゃないこと」）

MEMO

プライベートパーツや性的暴力の意味を理解するだけでなく，どんな理由があると性的暴力になるのかをメンバーたち自身が考えて話し合うことにより，さらに理解を深めることができる。

グループワーク2「性的暴力からの安全計画」(10分)

「性的暴力を受けたり，受けそうになったりすると，とてもいやな気持ちになることがあります。そんなときはどうしたらいいでしょうか？」など，もし誰かが「大丈夫じゃない」ことをしたら，どうしたらいいと思うかを問いかける。

メンバーの発言の例

- 大人に言う，やめてと言う，逃げる

セッション6の安全計画を振り返り，逃げることや誰かに助けを求めることが大切であることを確認する。

メンバーに，できれば信頼できる大人に話すことが大切であると強調する。たとえそれがずっと前に起きたことでも，大人がそれをした人に対して好意を持っていても，信頼できる大人に話すように伝える。大人に話して，もしその人があなたの言うことを信じなかったり助けてくれなかったりしたら，どうするかメンバーに尋ねる。誰かが助けてくれるまで信頼できる他の人に話し続けるよう伝える。

その一方で，性的暴力を受けていても「やめて」と言えなかったり，大人に話せない場合があることにも，十分配慮をする。彼らが性的暴力を受けたことや拒否できなかったこと，大人に話せなかったことを自分の責任であると感じさせてはならない。そして，「性的暴力を受けたり，受けそうになったとき，“やめて”と言うことは難しいし，怖いことです。そう言えなくても，それはあなたたちのせいではありません」と，安全でいるための行動が取れなくても，それは子どもの責任でないことを強調して伝える。

おやつ(15分)

ファシリテーターは部屋におやつやお茶を運び，メンバーにも手伝うように言う。楽しくリラックスして食べる。

自由遊び(30分)

メンバーが自由に活動を選べる時間である。メンバーは好きなことをして過ごす。

チェックアウト（15分）

自由遊びで使用した遊具などを片づけた後，はじめのように円になって座り「今日のグループでよかったこと，いやだったこと」について一人ずつ聞く。感想が自由遊びの内容に集中する場合には，「今日は性的暴力について考えましたね。それについてはどうですか？」と尋ねる。

その後，配布資料を配り，メンバーがファイルにとじるのを確認してから，宝箱を閉じる。電信ゲームをして退室する。

Session

7

自己尊重と お別れパーティー

目標

- 自己の肯定的な側面や他者の肯定的な側面に気づく。
- これまでの活動を振り返ることで，新たに得た認識を再確認する。
- お別れパーティーをして活動の節目を適切に迎える体験をする。

事前準備

☐部屋を整える。
☐名札，個別ファイル，表情カードや動物カード，模造紙，短冊，ペンなどの文具，自由時間で用いる遊具などをそろえる。
☐「わたしはこんなところが好き！」カードを人数分用意しておく（参考：p.130の図）。
☐お別れパーティー用のおやつ。

チェックイン（15分）

入室したら，名札をつけて円になって座るように促す。ガイドラインを確認し，宝箱を開ける。表情カード・動物カードを選び，今日の気持ちを話す。今日の気持ちでは，メンバーから最終セッションであることを意識した発言が出ることもある。その後，今日の予定を確認する。

（必要なもの：表情カード，動物カード）

グループワーク1「グループワークの振り返り」（20分）

これまでの活動の振り返り

「今日は最終回ですね。これまでの活動を振り返ってみましょう」と伝え，壁に貼った模造紙をセッション1から振り返る。振り返りながら，「あなたの好きな活動はどれでしたか？」「活動のなかで好きではないものは，ありましたか？」「火山は何を表していましたか？」「傷つく出来事が起きたときには，どうすればよかったですか？」などを尋ねる。

MEMO

- あらかじめ壁面には，各セッションで用いた模造紙を順番に貼っておく。
- 初回から今日までのメンバーの様子について，“はじめは，発言する人が少なかったけれど，だんだんここで安心して話をすることができるようになって，今はみんなが手を挙げるようになりましたね”などと触れることで，メンバーは活動の積み重なりや，グループ内での変化を感じることができる。
- メンバーの好きな活動が偏るときには，ほかに好きな活動があったかを尋ねる。
- このワークでは，セッションのなかのメッセージを確認するとともに，グループの歩みを振り返り，自己への肯定感を高めることができるよう援助する。

わたしの好きなところ

「これまでたくさんの活動をしてきましたね」「家族のセッションでは，それぞれの家族が大切で特別ということをお話ししました。それと同じように，皆一人ひとりも，それぞれ特別な存在なのですよ」と，それぞれが大切で特別な存在であることを伝える。

そしてメンバー一人ひとりに，自分が特別な存在であると思うところを尋ねる。

メンバーのなかには，自分の好きなところを探せず，なかなか発言できない子もいる。ファシリテーターは，ファシリテーターが感じたその子の良いところをいくつか伝え，そのメンバーが自分のことを特別な存在であると思えるよう援助する。

グループワーク2「自己尊重のカード作り」(30分)

「わたしはこんなところが好き！」カードを配る。カードに一人ひとりの写真を貼り，「私の好きな○○」の欄に記入する。書き終わったら，カードを回して，それぞれのメンバーが肯定的なメッセージを書き合う。

他のメンバーの良いところを書くときには，肯定的な表現となるよう，特に配慮する。メンバーはお互いに興味を持ち，よく見ているものである。しかし，反対にメンバーに対して生じた純粋な興味を上手く表現できずに，相手にとって不快な表現になってしまうこともある。それらについて，発言意図を肯定的に言い換える配慮が必要である。

また，他のメンバーへのコメントが，難しいこともある。そういったときには，ファシリテーターがメンバーに寄り添い，具体的な思い出を引き出すなどして，コメントを書くことができる

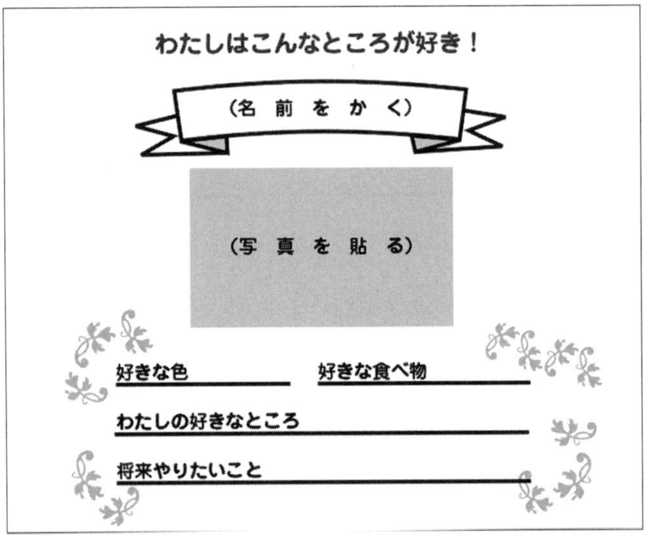

ように支える。

MEMO

- カードについては，グループによって独自なものを用意するとよい。
- 「自分の好きなところ」を書く欄の設定についても，集まったグループメンバーによって決めることができる。
- メンバー同士で肯定的なメッセージを書き合うという活動は，仲間から肯定されるきっかけになり，学童期の仲間から肯定される体験は，自尊心を高めるのに役立つ。

お別れパーティー（40分）

セッション6でメンバーから希望を聞いた食べ物や飲み物を用意して，一緒にお祝い会をする。食べ物は，メンバーの好きなものを出すようにするが，個包装のものだけでなく，分け合うことができるようなものがあるとよい。また，セッション6の話し合いによっては，ここで出し物の発表やグループでの催し物を行うこともある。食べた後は，自由に遊んでも寄せ書きの続きをしてもよい。ファシリテーターは，メンバー全員がやりたい遊びを楽しめるようにかかわる。

チェックアウト（15分）

皆で円になって座り，「グループが終わっても，皆さんはグループのことや，自分を助けるための活動について思いだすことができるし，誰かに助けを求めることもできます」と言って，最後に宝箱を閉じ，電信ゲームをして終わりにする。

V

子どもグループ（13～16歳）のセッション

思春期（13～16歳）の子どもたちにグループを実施する場合，セッションの基本的な進め方は，7～12歳の子どもたちのグループと同じである。しかし，年代に応じて言葉遣いやグループワークに変更の必要があるため，カナダ版のオリジナルマニュアルでは，13～16歳の子どもたちにグループを実施する場合に，変更・追加するポイントを挙げている。

以下は，日本の状況や読みやすさを考慮して言葉遣いを変更しているが，内容は，ほぼ全てがオリジナルマニュアルの通りである。

Session 1

互いに知り合い，暴力について考える

事前準備

□「子どもグループ（7〜12歳）」のマニュアルを参照のこと。

チェックイン（15分）

イントロダクション

この年齢層の場合，グループが早く進んでいくので，メンバー同士が知り合うための活動により多くの時間を費やすことができる。

『2つの真実と1つのうそ（Two Truths and a Lie）』（Whittington, J. (2004) 3rd Year Group Counselling Manual）

メンバーに，次のことを伝える。

- 自分について，本当のことで，グループで共有してもよいことを2つ考える。
- ひっかけ問題として，自分について本当でないこともいくつか考える。
- 自分の番が来たら，本当のことを2つと，本当でないことを1つ言う。メンバーは，どれが本当で，どれがうそかを皆で決定する。

最初にファシリテーターがデモンストレーションを行い，質問がないか尋ね，参加したくない場合はパスできることを伝える。一人ひとり順番で行う。

インタビュー

メンバーをそれぞれ2人組にする。

インタビューの質問項目を書いておいた紙を掲示する。質問項目は，グループのメンバーが互いにもっと知り合うことができるような一般的な情報に関するものにする。

インタビューの質問項目例

①あなたのフルネームは？

②誰が名前をつけましたか？　また，どうしてその名前になったのですか？

③一番好きな色は？

④この色を使うとしたら何に使いたいですか？（例：部屋の壁，服や持ち物）

⑤一番好きな食べ物は何ですか？

⑥外食するのにお気に入りの場所は？

⑦一番好きな動物は何ですか？　それはどうしてですか？

⑧学校で好きなことは何ですか？

⑨学校で好きでないことは何ですか？

⑩大好きな活動，趣味，スポーツは？　それはどうしてですか？

2人組のうちの1人がインビュアーで，もう1人がゲストである。インタビューが終わったら役割を交代する。

全員がインタビューを終えたら，インタビュアーは他のメンバーに対し相手を順番に紹介する。読み書きの能力に応じて活動内容を修正する。

紹介の仕方の例

- こちらは○○ちゃんです。
- ○○ちゃんと名前で呼んでほしいそうです。
- 彼女が一番好きな色は青です。
- 大好きなスポーツはバスケットボールです。

MEMO

- ファシリテーターは，メンバー同士，似ているところや共通の趣味について触れる。その後，「子どもグループ（7〜12歳）」のマニュアルと同様に，「このグループは，両親の間で暴力が起こっていたり，ケンカがあったりして，大変な思いをしていた子どもたちが元気になるためのグループです」と，グループの目的を述べる。

グループワーク1「グループガイドラインを作る」(20分)

青年期の子どもたちに対しては，グループガイドラインの代わりに「権利と責任」の概念を用いる。この概念によって，グループに主体的に関わっているという感覚（ownership）が高まる。

ファシリテーターは，「このグループに参加するときに，メンバーの一人ひとりがどのような権利を持っていると言えますか？」と質問し，意見を模造紙に書き込んでいく。

例

- 安全でいる権利
- もし，自分の考えを話したくなければ“パス”する権利
- 出席しない権利
- 自分の意見を表明する権利
- 他者から尊重される権利

次に，「グループでは，メンバーはそれぞれどのような責任を持っているでしょうか？」と質問する。

例

- 自分自身の行動に対する責任
- 人を傷つけない責任
- グループに参加できないときにはファシリテーターに連絡する責任
- 他のグループメンバーの秘密を守る責任

意見が出尽くしたら，最後に，模造紙の好きな場所にサインをしてもらう。

グループワーク2「暴力について考える」(25分)

ワーク①「暴力を目撃した場所」

進め方は「子どもグループ（7～12歳）」と同様である。

ワーク②「3つの傷」

進め方は「子どもグループ（7～12歳）」と同様である。

おやつ（15分）

進め方は「子どもグループ（7〜12歳）」と同様である。

自由時間（30分）

進め方は「子どもグループ（7〜12歳）」と同様である。

チェックアウト（15分）

進め方は「子どもグループ（7〜12歳）」と同様である。

Session 2

さまざまな感情の理解

事前準備

□「子どもグループ（7〜12歳）」のマニュアルを参照のこと。

チェックイン（15分）

グループワーク1「感情についての話し合い」（20分）

進め方は「子どもグループ（7〜12歳）」と同様である。

グループワーク2「氷山の絵」（25分）

進め方は「子どもグループ（7〜12歳）」と同様である。「シナリオの例」については，グループメンバーの状況に応じて一部の内容を変更してよいが，子どものなかに感情の葛藤が生じやすい題材を選ぶ。

おやつ（15分）

進め方は「子どもグループ（7〜12歳）」と同様である。

自由時間（30分）

進め方は「子どもグループ（7～12歳）」と同様である。

チェックアウト（15分）

進め方は「子どもグループ（7～12歳）」と同様である。

Session
3

家族のなかで体験した暴力

事前準備

□「子どもグループ（7～12歳）」のマニュアルを参照のこと。

チェックイン（15分）

進め方は「子どもグループ（7～12歳）」と同様である。

グループワーク1「家のなかで体験した暴力について映像を観て，話し合う」（15分）

オリジナルのマニュアルでは，DVD『私たちはどうなるの？（What About Us?）』（上映時間28分／Kinetic Video＝監修）を使用している。

購入する際の問い合わせ

http://www.kineticvideo.com/mainR2Test.asp?price_code=unitedstates

しかし，日本語吹替版・字幕版がないため，オリジナルマニュアル通りに日本で利用することは難しい。したがって，低年齢グループと同様に，日本語でなくても利用しやすい『KID STUFF』もよいだろう。『What About Us?（私たちはどうなるの？）』は，オリジナルマニュアルでは母親グループでも利用されているが，日本版マニュアルでは同様の理由で『KID STUFF』に変更している。

購入するには

National Film Board of Canada（https://www.onf.ca/film/enfantillage）

以下は，DVD『私たちはどうなるの？（What About Us?）』を使用した場合のオリジナルマニュアルの実施手順である。

視聴の前にDVDの概要を解説する。グループメンバーにこのDVDはノンフィクションではなく，登場人物も俳優だということを知らせておく。彼らはDVDの内容が，自分やその他のメンバーに起こったことに似ていると思うかもしれない。

DVDの概要

DVDは2人の子どもがパジャマ姿でいすに向き合って座り，両親がリビングでけんかしているのを聞いているところから始まる。子どもたちは家族のなかでのけんかと自分の役割について思うところを話している。ある日の夕方，リサは妹と弟に絵本を読んで聞かせてあげていた。そのとき，外で何か音がして，すごいスピードで車が走り去る音が聞こえた。母親が泣きながら寝室のドアのところに来た。唇からは血が出ている。子どもたちはそれは偶然の怪我ではないことがわかる。母親は，警察へ電話してシェルターへ行くと告げ，年長のリサに皆の持ち物を準備させる。

シェルターに到着すると子どもたちはグループに参加し始める。映像ではシェルターで生活する他の子どもたちの様子も描かれている。母と父が別れ，父が子どもたちとの面会権を得たところで終わる。

- 映像が始まる前，気分がすぐれないなどで部屋を離れたい場合はファシリテーターに知らせてからにしてほしいこと，外に出て行ってしまうのではなく，また戻ってきてほしいことを伝える。トイレに立っても構わない。

以下の質問をして，映像に関する話し合いをする。

質問

①映像の内容を誰かの体験と関連づけることはできましたか？

②傷つき（DV）体験に対し，それぞれ子どもたちはどのように反応していましたか？

③あなたの場合と何が違いましたか？

④誰か，登場人物が間違っていると感じましたか？

⑤責任について，今どう感じていますか？

⑥この映像のなかにあったグループセッションは，皆さんのような10代の子どもたちにとってどのような助けとなりますか？

⑦このグループはあなたにとってどんなふうに役に立っていますか？

動画『KID STUFF』を観た場合の質問は，低年齢グループのものと同じでよいが，思春期の子どもたちの場合は年下のきょうだいがいる場合もあるため，メンバーが母親やきょうだいを支えるなど，どのような役割を果たしていたか，ということも話題に出るかもしれない。両親の暴力をとめるなど危険と思われることをしていたとしても否定せず，とめようとした勇気，きょうだいを守ろうと努力したことを受け止める。　（必要なもの：動画，動画視聴用の機材）

グループワーク2「体験した暴力を表現する」(15分)

進め方は「子どもグループ（7〜12歳）」と同じである。絵を描くことは，思春期の子どもたちにとっても素晴らしい表現手段である。

グループワーク3「家族の変化」(15分)

進め方は「子どもグループ（7〜12歳）」と同じである（注：このワークの進行については，「子どもグループ（7〜12歳）」セッション6，グループワーク1の記載を参照のこと）。

おやつ(15分)

進め方は「子どもグループ（7〜12歳）」と同様である。

自由時間(30分)

進め方は「子どもグループ（7〜12歳）」と同様である。

チェックアウト(15分)

進め方は「子どもグループ（7〜12歳）」と同様である。

Session 4

暴力の責任と理解／さまざまな問題解決

事前準備

□「子どもグループ（7～12歳）」のマニュアルを参照のこと。

チェックイン（15分）

進め方は「子どもグループ（7～12歳）」と同様である。

グループワーク1「暴力の責任について」（25分）

子どもは，家で暴力が起こっていること対して自分を責めてしまう傾向があること，暴力が起こったことは決して子どもたちのせいではないことを伝えることは，思春期メンバーにとっても大切である。10代になると，幼い子どもたちとは違って自分自身の体験との類似点を描くことができるようになってくる。暴力の説明責任についても話題にすることができる。

思春期のセッションにおいて，一貫して伝えるメッセージ

- 両親間の暴力について子どもたちは何も責任がない。
- 暴力行為をした本人が責任をとるべきである（問題を悪化させ，被害者と子どもの孤独感を深めるような「暴力に関する神話」をいくつか伝えておくことも責任の理解に役立つ）。
- 暴力行為の責任をとるために加害者ができることがある（暴力をとめることや加害者を助けることは子どもの責任ではないが，子どもたちは全てを失ったわけではない。暴力の責任をとって支援を受けた加害者は，変化する可能性がある）。

- 暴力は学習された行動である。対人関係のなかで暴力を学習し，選択した人間は，その責任をとって援助を受ければ，より良い行動を身につけられる。
- 母親と子どもが支援を受け，家で起きた暴力の影響を考えることはとても重要である。

ディスカッションを次の話題から始める。

- 家で起こったこと（DV）について多少なりとも責任を感じてしまう子どももいる。グループメンバーに，どうして責任を感じてしまうのかと聞いてみる。例を挙げてもよい。

例
「たけし君の両親は彼の学校での行動と成績のことでけんかをしていました。しばしばけんかはDVで終わります。たけし君は暴力が起こっているのは自分のせいだと思いはじめました。もし自分がもっと良い成績をとっていたならこんなことは起こらなかった，と考えるようになりました」

- 皆がどのように責任を感じているか，例をもっと挙げてもらうように言う。

例
自分が「悪い」子だったから両親はけんかをしている（母親の味方になったり母親の行動を加害者に報告したから暴力が起きた）。

- 子どもたちの行為と加害者が選んだ行為を分けて考えることが大切であり，そのように考える習慣をつけていくと，そのうち状況に応じて違う選択肢がとれるようになることについて話す。

子どもたちに伝える例
「両親は育児についてたくさんのことを相談する必要があり，それはいつも合意するとは限りません。もしあなたが誰かに賛成できなくても，傷つけていいということになるでしょうか？　いいえ，それはいけませんよね？　ほかに何ができるでしょうか？」

子どもたちの回答例
もっと話し合う，お互いの意見を聞き合う，妥協する

子どもたちに伝える例
「もし子どもたちが問題を抱えているからといって，親が暴力的になってもいいでしょうか？　いいえ。両親は子どもを助け，一緒に取り組む方法を考えていかなくてはならないのです」

これらは単純な解決のようだが，話し合いをすることで子どもたちに暴力に替わるほかの選択を探していくことを促すことができる。このようなことを通じて，子どもたちは，加害者側の親

は，あの状況で暴力以外のほかの対応を選ぶことができたととらえることができる。グループメンバー間の友情も平行して芽生える。彼らがそれぞれの違いをどのように解決するのか尋ねてみる。「もし友だちがあなたと違う意見だったら，どうしたらいいでしょう？」。

グループワーク2 「コーピングストラテジーとセルフケア」(20分)

「コーピングストラテジー」というタイトルを書いた模造紙を壁に貼り，「コーピングストラテジーとは，状況や感情に対処する方法です」「このグループで皆さんと話し合っていることは，難しい状況や扱いにくい気持ちであることが多いけれども，それへの対処法は時間をかけてみがかれていきます」と伝える。

グループメンバーに，家で起きていたことにどのように対処してきたかを考えるよう促す。気持ちの面や行動の面でどうしてきたかを，例を挙げて問いかける。

対処法の例
以前のグループにいたある子どもは爪をかむ癖があった。特に不安を感じるとその癖がいっそうひどくなった。もうひとりの子どもは家で問題が起こると家を出てしまっていた。

対処法について良い／悪いの判断をすることは重要ではなく，子どもたちが，効果的なものを見極められているということを支持することが重要である。グループメンバーには自分のコーピングストラテジーについて話せない子もいるかもしれない。そういった場合，他の人の例を使ってその状況なら一般的にどう対処するかを話した方が進めやすいかもしれない。それが彼らが使っているストラテジーかどうか査定する。もし役立つなら，今起こっていることに対処するため，変更する部分はないか聞く。もし1つのコーピングストラテジーが役に立たず，使うのをやめたいと思ったら，それに代わるものを考えることが大切であると伝える。

対処法の例
あるグループメンバーは難しい状況になるとタバコの量を増やしていた。でもタバコはよくないし，やめたかった。グループではタバコに替わりガムをかむなどの代替策について話した。

グループメンバーにつらい状況や感情が起きたとき，対処する能力と一緒にセルフケアの方法を探すことを促す。

もう1枚の模造紙に「セルフケア」とタイトルを書く。セルフケアとは，自分の体と心の健康に役立つことをすることである。そのようなセルフケアのアイディアについて皆で考え，意見を出し合うように言う。生活のなかで，肯定的で健康なセルフケアストラテジーを使うことは，効果がなく役に立たないコーピングストラテジーを少なくさせてくれる。

セルフケアの例
友だちと話す，カウンセラーに会う，リラックスできるような運動をする，詩をよむ
（必要なもの：模造紙2枚）

おやつ（15分）

進め方は「子どもグループ（7～12歳）」と同様である。

自由時間（30分）

進め方は「子どもグループ（7～12歳）」と同様である。

チェックアウト（15分）

進め方は「子どもグループ（7～12歳）」と同様である。

Session 5

問題解決／怒りの理解と表現

事前準備

□「子どもグループ（7～12歳）」のマニュアルを参照のこと。
□配布資料15「問題解決ワークシート」を人数分用意する。
□火山の道具は，メンバーの人数に合わせ，必要な場合は複数セットを用意する。

チェックイン（15分）

進め方は「子どもグループ（7～12歳）」と同様である。

グループワーク1「問題解決」（15分）

このワークについては，「子どもグループ（7～12歳）」セッション4「問題解決のロールプレイ」の進め方を参照のこと。しかし，年齢や発達段階に応じて，その年代の子どもたちが実際に経験している問題の例を用いる。

- 配布資料15「問題解決ワークシート」を配る。
- まずはメンバーに彼らが以前に体験したことがある「困った出来事」や「問題」をいくつか出してもらう。そのとき，下記のような例を紹介する。

例
「友達に誘われ，友達の家の集まりに出かけたいと思っています。でもそこに集まった人たちは，タバコを吸ったりお酒を飲んだりするだろうとわかっています。もし，あなたのお母さんがこのことを知っていたら，行ってはいけないと言うでしょう。けれど，あなたは行きたくて仕方ありません。お母さんにはまだ言っていません。あなたはどうしますか？」

- 次に，メンバーから挙げてもらった例について以下のような質問をする。
  ――その出来事が起きたとき，あなたはどのようにふるまっていたでしょうか？（出来事のなかで果たした役割）
  ――その出来事のなかで，あなたは何か違う風にふるまえるとしたら，それはどの部分だったでしょうか？（責任を担う部分）
  ――違う風にふるまえるとしたら，それはどんな行動でしょうか？

※「困った出来事」や「問題」のなかで，自分がどのようにふるまっていたのか，どのあたりを変えることができるのかを見つめることができると，他の人との葛藤が起きたときの解決方法も，より良いものに変化させることができる。

- 「問題解決ワークシート」の項目に沿って，メンバーに出してもらった例を1つか2つ取り上げて整理する。
- 可能であれば，メンバーに出してもらった例を使い，ロールプレイを行う。メンバーから出た例を使うことが難しい場合は，スタッフがあらかじめ考えておいたシナリオを用いる。

グループワーク2「怒りの感情について」(10分)

進め方は「子どもグループ（7～12歳）」と同様である。

グループワーク3「怒りの火山」(20分)

活動の手順

①メンバーを3～4人のグループに分ける。
②机の上にビニールシートを敷き，1セットずつ道具を乗せる。
③「火山の作り方」の工程を1つずつ模造紙に書いて説明をする（「怒りの火山の作り方」（p.117）参照）。
④山が完成したら，重曹や粉石けん，食紅を入れ，かき混ぜる。このとき，小さめのスプーンを用意して1人1回ずつ入れられるようにする。入れる際は，「どんな怒りの気持ちを入れますか」とメンバーそれぞれが感じた怒りの気持ちを重層などになぞらえて入れるよう促す。
⑤「たくさんの怒りの気持ちが溜まりました。そこに，ちょっとしたきっかけが起こるとどうなるでしょう」と話し，酢（ふとしたきっかけ）を入れるよう伝える。酢を入れるとぶくぶくと泡が溢れてくる。メンバーは酢を入れたがるため，少しずつ入れて，全員が入れられるよう調整する。
⑥溶岩が溢れ出して流れる様子を見ながら，「怒りを溜め込んでいると，ちょっとしたきっかけで

怒りがどんどん溢れてきて，止められなくなりますね」と伝える。

⑦ある程度のところで，水を入れ火山を鎮める。「それでは，落ち着きを取り戻す方法を考えましょう。さっきは，深呼吸をする，などが出ました。それぞれ，自分のやり方を言いながら入れてみてください」と怒りを解消する方法を話しながら水を入れるよう指示する。水を入れると泡がすべて流れ出し，赤い水だけになる。

⑧完全に鎮まったのを確認して，ファシリテーターは静かな雰囲気になるよう声のトーンを落とし，「みなさんがそれぞれ素晴らしい方法で怒りの温度を下げたので，怒りが鎮まりました」と話す。

⑨火山の活動が終わった後は，怒りの火山を見てどう感じたか，どんな方法で落ち着きを取り戻したかを尋ねる。

思春期の子どもたちも火山作りには喜んで取り組む。彼らの創作はしばし入り組んだものとなり，グループメンバーのなかでデザインやレイアウト・手順について交渉していることもある。ここでは感情を効果的にマネジメントするために落ち着きを取り戻す方法に焦点を当てる。

おやつ（15分）

進め方は「子どもグループ（7～12歳）」と同様である。

自由時間（30分）

進め方は「子どもグループ（7～12歳）」と同様である。

チェックアウト（15分）

進め方は「子どもグループ（7～12歳）」と同様である。

Session

6

性的暴力の防止／私の安全計画

思春期の子どもたちは暴力をとめようとする。そしてこのことで彼らが怪我をする危険も出てくる。巻き込まれることは安全ではないし，子どもが無事であれば母親も安心するということを強調しておく。思春期の子どもたちはしばしば，きょうだいを守ろうとして暴力が起こっている現場から逃がしてあげたり，収まるまで部屋にかくまったりすることがある。彼らの幼いきょうだいたちを助けようとする思いやりある選択を承認し，支持する。

思春期の子どもグループの場合，家で起こったことを話せる人とのサポートシステム構築に焦点を当てる方がより効果的である。誰でも助けを必要とするし，グループに通うことは助けてもらうことへの前向きなステップであることを承認する。グループ終了時に子どもたちは，暴力だけでなくほかの心配事も話せる人が誰かを知っておく必要がある。

事前準備

□配布資料18-1・18-2「わたしの安全計画1・2」を人数分用意しておく。
□配布資料21「権力と支配とは？」を人数分用意しておく。
□配布資料22「愛情とは？　愛情でないものとは？」を人数分用意しておく。
□配布資料23「非暴力で，健全で，平等な，楽しい関係とは？」を人数分用意しておく。
□地域の援助機関のリストや，暴力被害にあっている子どものためのウェブサイトを紹介する資料を用意しておく。

チェックイン（15分）

進め方は「子どもグループ（7～12歳）」と同様である。

グループワーク1
「知り合いや交際相手からの暴力について」(15分)

以下の内容は思春期メンバーのためのものであり，年少の子どもたちのものとは異なる。デートDVに関しても気づきを促し，安全計画を立てる。

- グループメンバーに，もし友達が知り合いや交際相手から暴力を受けていると話してくれたら，あなたはどうするかと聞く。子どもたちの話を聞く間は，彼らがつらい状況において使ったコーピングストラテジーに焦点を当てる。メンバーの多くは，それほど親密ではない知り合いから，もしくは交際相手からの暴力を受けていたり，そうされている人を知っている。思春期の子どもは自分の個人的な体験をいつも人に話すとは限らず，むしろ，そのような経験をした友人について話す傾向がある。
- ここからは，恋愛関係における暴力について考えてみることを伝える。「恋愛関係における暴力とはどんなものだと思いますか？」という問いかけから始める。そして，恋愛関係における暴力について，次の点を伝える。「恋愛関係における暴力とは，相手の考え方，感情，行動を支配しようとするあらゆる行為である。暴力とは相手を支配するために傷つけたり，怖がらせたり，恐怖を与えることをしたり，言ったりすることである。このような危険は誰にでもある」。

（必要なもの：配布資料21「権力と支配とは？」，配布資料23「非暴力で，健全で，平等な，楽しい関係とは？」）

グループワーク2
「愛情とは?　愛情でないものとは?」(15分)

- 2枚の模造紙に“愛情とは”“愛情でないものとは”とそれぞれタイトルと書き，壁に貼る。
- グループメンバーに，恋愛関係における“愛情”とは何か，健全な関係とは何か，“愛情ではない”のは何か，不健全な関係とは何かについて考えるように言う。アイディアを出し合い，壁に貼った紙に彼らの考えを書いていくように促す。
- いくつか質問をする。

質問例：相手があなたに，誰とどこにいるかを常に知らせてほしいという場合，これは健全で“愛情”なのでしょうか？
答え：いいえ。これではやりすぎで，不健全と言えるし，愛情ではありません。

質問例：相手が，何かについてあなたの意見に賛成しないとしたら，これは愛情であり健全でしょうか？
答え：はい，反対意見であっても，脅したり見下したりしないなら，健全と言えます。

質問例：あなたのことを噂して，悪く言われていたとしたら，これは愛情であり，健全でしょうか？
答え：いいえ，これは不健全であり，愛情ではありません。

• “愛情ではないもの”のリストから，「交際相手の行動にこういうことがあったら危ない」というものをいくつか伝えて，ディスカッションの結論とする。

※ファシリテーターは出された意見についてまとめて資料を作り，ディスカッションで出てこなかった例を加えるなどして，以後のセッションで配付するのもよい。

（必要なもの：模造紙2枚，配布資料22「愛情とは？　愛情でないものとは？」）

グループワーク3
「あなたや友達が暴力を受けたとき何をすべきか？」（15分）

思春期の子どもたちは自分自身についてより友人のことのほうが話しやすいことがある。そのため，このワークは，友達が暴力を受けたとき，その友達を支え，助けを得ることを手伝うことに焦点を置く。

• 友達があなたに「私は暴力を受けている」と言ってきたとき，助けるためにできることは何かを聞いてディスカッションを始める。
• 壁に「アイディア」とタイトルをつけた模造紙を貼り，その上にアイディアを書いていく。次に，優先順位について話し合い，横に番号を書き込んでいく。

アイディアの例
①自分の親に話す。
②共感する。
③友達に安全計画を作ってもらう。
④援助を得るために児童相談所に電話する。
⑤友達の話すことに耳を傾ける。

• 次に，誰に話すことができるかを聞いていく。

例
①児童相談所
②スクールカウンセラー
③両親
④地域のシェルター

⑤グループファシリテーター

- 「安全計画」のリストを個人でうめていく。ファシリテーターは各自を回って記入を助ける。
- 地域の援助機関のリストや，暴力被害にあっている子どものためのウェブサイトを紹介する資料を配付する。

※ファシリテーターは，メンバーの意見をまとめ，次のセッションでそれを配付したり，友達をどう助けるかについてまとめた資料を用意するのもよい。

（必要なもの：模造紙1枚，配布資料18-1・18-2「わたしの安全計画1・2」）

おやつ（15分）

進め方は「子どもグループ（7〜12歳）」と同様である。

自由時間（30分）

進め方は「子どもグループ（7〜12歳）」と同様である。

チェックアウト（15分）

進め方は「子どもグループ（7〜12歳）」と同様である。

Session 7

自己尊重とお別れパーティー

思春期になると自尊感情を扱う好ましくないコーピングストラテジーが発達している可能性があるので，子どもたちの自己尊重については注意して取り組まなくてはならない。全体のプログラムは自己尊重を構築するためであるが，一方で，思春期の子どもたちに暴力が彼らの自己尊重にどのような影響を与えるか，結果的に彼らの生活のその他の部分（親密な関係，食事の問題，危険を伴った行為など）に，どう響いてくるのかについて気づかせることが大切である。

事前準備

□資料：セッション6でメンバーから出た意見をまとめたもの（「愛情とは？　愛情ではないものとは？」に関する意見，「友達が暴力を受けているときにできること」に関する意見）。

□写真：各メンバーの写真（ポラロイドでその場で撮るのでない場合は，前のセッションで撮影して印刷しておく。印刷は通常の紙でもよい）。

□ポスター作りに必要な用具：大きな厚紙，マーカー，絵の具・ふで，色鉛筆，鉛筆，定規，消しゴム，予備の紙（ポスターデザインを話し合う際のメモ用）。

チェックイン（15分）

進め方は「子どもグループ（7～12歳）」と同様である。

グループワーク1「わたしはこんなところが好き」（10分）

- 7～12歳のグループの手順にしたがって，メンバー一人ひとりに，自分が特別な存在であると思うところを尋ねる。
- 次にグループメンバーに，「セルフトーク」の解説をし，自分自身にどのような言葉かけをする傾向があるかを考えてみるように促す。

※セルフトーク：無意識に行っている自分との会話。自分に対してよく言う言葉のこと。自分を励ましたり元気づけるような肯定的な言葉かけであったり，否定的なものである場合もある。

子どもたちは自分たちが使っているセルフトークにいつも気づいているわけではない。ファシリテーターは自分自身の体験からいくつかの例を挙げつつ，セルフトークが自分自身を助けることもあれば傷つけもすると指摘する。否定的なセルフトークに気づき，それをやめることは有害な考え方（かたよった認知）をコントロールするのに役立つ。

- 自分自身に対して言っている否定的なセルフトークの例を挙げてもらい，他のメンバーと共有するように伝える。残りのメンバーはその否定的なものをより現実的で肯定的なものに変えるのにはどうしたらいいかを提案する。

例

否定的な考え方：私って太りすぎ。
現実的な考え方：私の体型は標準的。
肯定的な考え方：体のために健康的な食事をしよう。
肯定的な考え方：しっかり食べて力をつけよう。
肯定的な考え方：私は健康的な食事の作り方を学ぶ必要がある。
肯定的な考え方：私は食事を通じて人と交流するのが好きだ。自分自身を大切にできるし，これはとても健康的なこと。
肯定的な考え方：運動は私の健康的なライフスタイルの一部だ。

否定的な考え方：僕はお父さんのように（暴力的に）なってしまうだろう。
現実的な考え方：僕はどのように行動し，ふるまうか，自分で選択できる。
肯定的な考え方：僕はお父さんみたいにはならない。
肯定的な考え方：グループに出て，暴力について話したことは僕の問題を取り扱う上で助けになるだろう。
肯定的な考え方：僕は暴力がいけないことだと知っている。
肯定的な考え方：僕は傷ついたとき助けを得られると知っている。

- もし上手くいかなかったときはどうやって助けを得られるのかを確認して，ディスカッションを終える。子どもたちが自分自身のためにグループに出席するという肯定的な選択をしたこと，グループで学んだことは，つらいことから回復する助けになってくれることを強調する。

※ファシリテーターは，前回のセッション6でまとめた資料をわたす。

（必要なもの：前回のセッション6でまとめた資料）

グループワーク2「自己尊重のカード作り」(15分)

低年齢グループの子どもたちと同様のプロセスでカード作りを行う。写真を紙に貼った後，他のメンバーに回して，その子に対する良いコメントを書いてもらう（その子が自分にどんな影響を与えてくれたか，どんな気持ちにさせてくれたかなど）。コメントの後に自分の名前を書くように言う。ファシリテーターはコメントの内容がメンバー同士を尊重し合うものになるように注意しておく。

（必要なもの：自己尊重のカード作りに必要な道具）

グループワーク3「ポスター作り――関係のなかの暴力についてのメッセージ」(20分)

この活動を通して，子どもたちが，楽しみながら，自分で変化を起こすことができることに気づけるようにする。

- メンバーで協力して，関係のなかの暴力の問題について気づきを促すようなデザインを決めるように伝える。デザインの計画を話し合うためのメモ用紙を配る。
- ポスターは暴力の問題に焦点を当て，もしそれがあなただったら何をすべきか，それをどのように止めるかといった主旨のデザインや，シンプルな標語にする。

標語の例

暴力をふるっていい場所はありません，暴力は傷つきます，暴力を受けたら助けを求めよう，世界中に平和を，など。

（必要なもの：ポスター作りに必要な道具）

おやつ(15分)

進め方は「子どもグループ（7〜12歳）」と同様である。

自由時間(30分)

進め方は「子どもグループ（7〜12歳）」と同様である。

チェックアウト（15分）

進め方は「子どもグループ（7〜12歳）」と同様である。

Ⅵ
アフターセッションとフォローアップ

アフターセッション

グループ活動が終了して2〜3週間後に，アフターセッション（個別面談）を行う。

目的は2つある。ひとつは，グループ終了後の母子の生活を把握することであり，もうひとつは，グループで実施した心理教育の内容がどれほど理解されているかを確認することである。集団状況での学びは楽しく展開するが，ともすると体験は流れやすく，確認することが必要になる。

ここでは，約40分ほどの半構造化面接の方法で進めていく。

母親への半構造化面接

①プログラムに参加する前はどのようなことで悩んでいましたか？（例：DVや父親のことを話題にする難しさ，お子さんの状態など）

②プログラムに参加しようと思った動機は何ですか？（例：DVによる影響をやわらげたかった，子どものために必要だと感じたなど）

③プログラムに参加した感想やコメントを教えてください（例：参加してわかったこと，子どもの変化や親子の気持ちの変化，もっと知りたいと思ったことなど）。

④プログラムの内容について，不満を0〜満足を100だとしたら，どのくらいの数値になりますか？

インタビュー後，検査用紙の質問項目を，面接者が読み上げながらチェックしていく形で実施する（p.41参照）。

母親との振り返りの場では，回復を確かめるとともに残された課題を共有することが重要である。特に，子どもに問題となるような行動が生じている場合には，その後の治療の場につながるように情報を伝え，ケースワークを行う。

子どもへの半構造化面接

①目的：これまで7回のグループをしてきましたね。今日はその振り返りをしたいと思います。

②第一印象：初めてお友達みんなと会ったとき，どんな気持ちだった？

③1回目：その日にどんなことをしたか覚えているかな？（忘れたという答えだったら，「最初暴力を見た場所のことを話したね？　そのあと3つの傷つきのことを考えたね？　思い出したかな？」など簡単に説明し，どんなことを覚えているかを確認する）

④2回目から7回目まで：同様にどんなことをしたか，何を覚えているかを聞いていく。また，それを勉強してどんなことを感じたか，どんな気持ちになったかなどを聞いていく。

⑤コンプリメント：グループでしたことを振り返り，覚えていることを答えてきたことをコンプリメントする。「いろいろなことをしっかり覚えていてすごいと思うよ」。
⑥活動全体に参加して今，どんなことを思っているか？
⑦一緒に参加した友達と遊んだことで印象に残っていることはあるかな？
⑧来年，新しくグループに参加する子どもたちにどんなことを伝えたいかな？

全体的に子どもたちはちょっとしたヒントがあると，驚くほどしっかりと心理教育の内容を思い出すし，自身の経験とつなげて理解していることがわかる。

これまでにセッションを欠席したことがあり，補充の時間を持ったメンバーに対しては，応じて質問の形を変える。

フォローアップ

グループ終了後，2〜3カ月後フォローアップグループを開くことが望ましい。目的は，グループ終了後の参加母子の生活や状況を確認することである。特に課題を用意することなく，再会を喜び合い，母親グループではその後の様子を伝え合い，子どもグループでは楽しく遊ぶ。

Ⅷ

実施に当たっての Q&A

Q　7回の活動は難しいので，回数を減らしてもいいのですか？

A　コンカレントプログラムを実施しようとする現場の状況はさまざまです。できることを精一杯することでいいと考えます。7回を5回ないし3回に減らして実施することはやむを得ないと思います。ただその場合，プログラムのどこに焦点を当てて実施するかを明らかにしながら進めることが大切です。

Q　きょうだいを同じグループにしてもいいのですか？

A　基本，きょうだいは別のグループにして実施します。なぜなら，同じ家庭で過ごしながらも，DVの被害体験はそれぞれ違っているからです。一緒のグループで活動すると，年下の子どもが年上の子どもの様子をうかがったり，また逆に年上の子どもが年下の子どもに合わせたりといったことが見受けられます。子ども一人ひとりの体験を大切に扱うために，それぞれの子どもに適したグループが用意されることが望ましいと言えるのです。しかし，現実的には，一緒のグループで活動するしかないことがあります。そのときは，ファシリテーターは，プログラムのなかできょうだい関係の影響を把握しながら活動を進めていく配慮が必要です。

Q　子どもグループだけ，母親グループだけの実施でもいいのですか？

A　同時並行の実施が難しい場合，子どもグループだけ，母親グループだけの実施もありうるでしょう。ただ，子どもグループだけの実施の場合，子どもがグループで体験してきたことを受け止める母親のあり方が重要です。少なくとも実施前に母親と面談をし，子どもグループの概要を理解し，子どもを受け止める姿勢を持ってほしいこと，また実施後に母親の感じたことを話す機会を持つことが必要です。

また母親グループだけの実施は，母親自身のDV被害支援としての心理教育および回復に向かう活動と位置づけて，そのなかで子どもとの関係を取り上げることが大切です。

Q　グループは難しいので，個別に実施してもいいのですか？

A　DV被害への支援の現状としては，グループの実施は難しいという意見を多く聞きます。ですからコンカレントプログラムのなかから必要な心理教育のテーマを取り上げて個別に実施することがあると思います。個別の支援のなかでコンカレントプログラムの内容を活かしていくことも大切だと考えています。ただ，グループには個別にはない，メンバー同士の学びあいやひとりではないという気持ちを強める効果があることを知っていただきたいのです。勇気をもってグループに取り組んでいただきたいと願っています。

Q　グループをひとりで運営することはできませんか？

A　ファシリテーターを各グループ2〜3人集めることはかなり難しいことでしょう。しかし，グループでの心理教育の効果という視点で見ると，ファシリテーターのチームでのかかわりが大きいと言えます。その日のテーマを進めていく役割（方向性機能）とグループ参加者の気持ちや状況に配慮して役割を担っていく役割（内容性機能・関係性機能）の協働が有効です。どうしても一人で担うしかない場合は，これらの役割を意識化して進めていきましょう。

VIII

配布資料

権力と支配の車輪

成人の人間関係における女性への暴力の定義

女性の思考，価値，行動に対し，権力と支配を確立し維持するために，意図的かつ系統立ったやり方を行使すること。

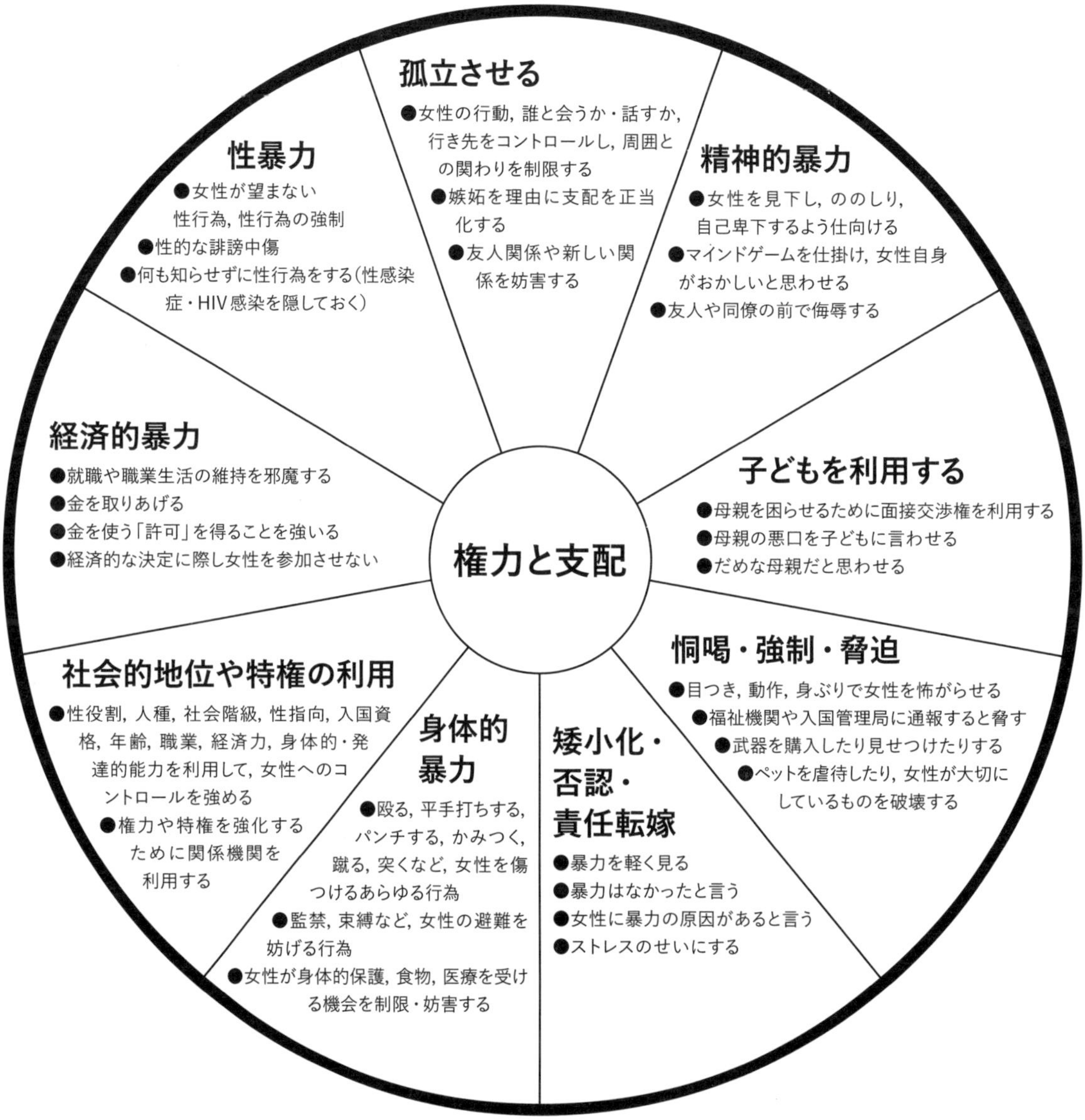
孤立させる
●女性の行動，誰と会うか・話すか，行き先をコントロールし，周囲との関わりを制限する
●嫉妬を理由に支配を正当化する
●友人関係や新しい関係を妨害する
精神的暴力
●女性を見下し，ののしり，自己卑下するよう仕向ける
●マインドゲームを仕掛け，女性自身がおかしいと思わせる
●友人や同僚の前で侮辱する
子どもを利用する
●母親を困らせるために面接交渉権を利用する
●母親の悪口を子どもに言わせる
●だめな母親だと思わせる
恫喝・強制・脅迫
●目つき，動作，身ぶりで女性を怖がらせる
●福祉機関や入国管理局に通報すると脅す
●武器を購入したり見せつけたりする
●ペットを虐待したり，女性が大切にしているものを破壊する
矮小化・否認・責任転嫁
●暴力を軽く見る
●暴力はなかったと言う
●女性に暴力の原因があると言う
●ストレスのせいにする
身体的暴力
●殴る，平手打ちする，パンチする，かみつく，蹴る，突くなど，女性を傷つけるあらゆる行為
●監禁，束縛など，女性の避難を妨げる行為
●女性が身体的保護，食物，医療を受ける機会を制限・妨害する
社会的地位や特権の利用
●性役割，人種，社会階級，性指向，入国資格，年齢，職業，経済力，身体的・発達的能力を利用して，女性へのコントロールを強める
●権力や特権を強化するために関係機関を利用する
経済的暴力
●就職や職業生活の維持を邪魔する
●金を取りあげる
●金を使う「許可」を得ることを強いる
●経済的な決定に際し女性を参加させない
性暴力
●女性が望まない性行為，性行為の強制
●性的な誹謗中傷
●何も知らせずに性行為をする（性感染症・HIV感染を隠しておく）
権力と支配

出典：The Domestic Abuse Intervention Project, Duluth, USA
引用改訂：London Abused Women's Centre, Ontario, Canada

平等の車輪

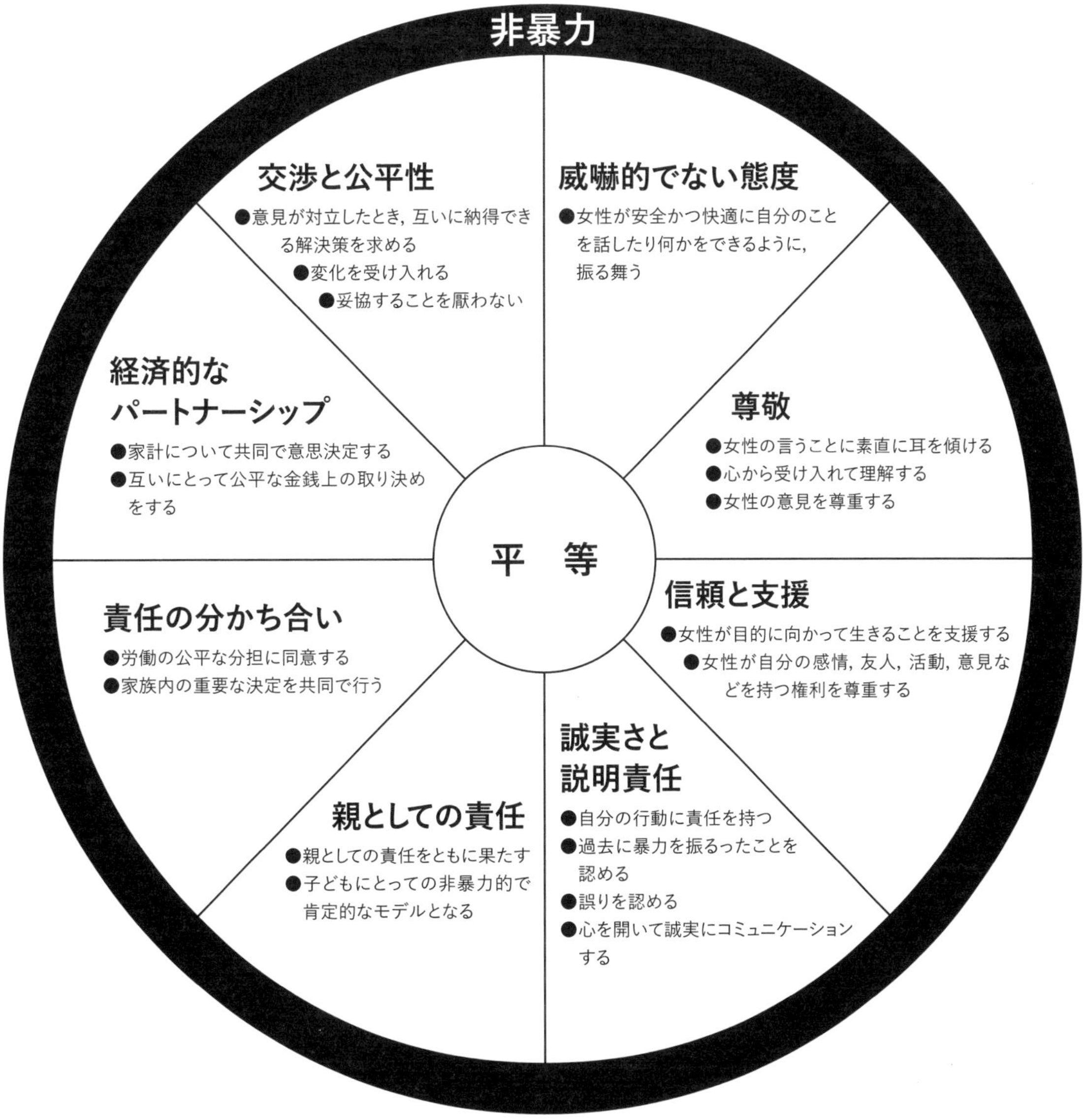

非暴力
平　等
交渉と公平性
●意見が対立したとき，互いに納得できる解決策を求める
●変化を受け入れる
●妥協することを厭わない
威嚇的でない態度
●女性が安全かつ快適に自分のことを話したり何かをできるように，振る舞う
尊敬
●女性の言うことに素直に耳を傾ける
●心から受け入れて理解する
●女性の意見を尊重する
信頼と支援
●女性が目的に向かって生きることを支援する
●女性が自分の感情，友人，活動，意見などを持つ権利を尊重する
誠実さと説明責任
●自分の行動に責任を持つ
●過去に暴力を振るったことを認める
●誤りを認める
●心を開いて誠実にコミュニケーションする
親としての責任
●親としての責任をともに果たす
●子どもにとっての非暴力的で肯定的なモデルとなる
責任の分かち合い
●労働の公平な分担に同意する
●家族内の重要な決定を共同で行う
経済的なパートナーシップ
●家計について共同で意思決定する
●互いにとって公平な金銭上の取り決めをする

出典：The Domestic Abuse Intervention Project, Duluth, USA

氷山の絵

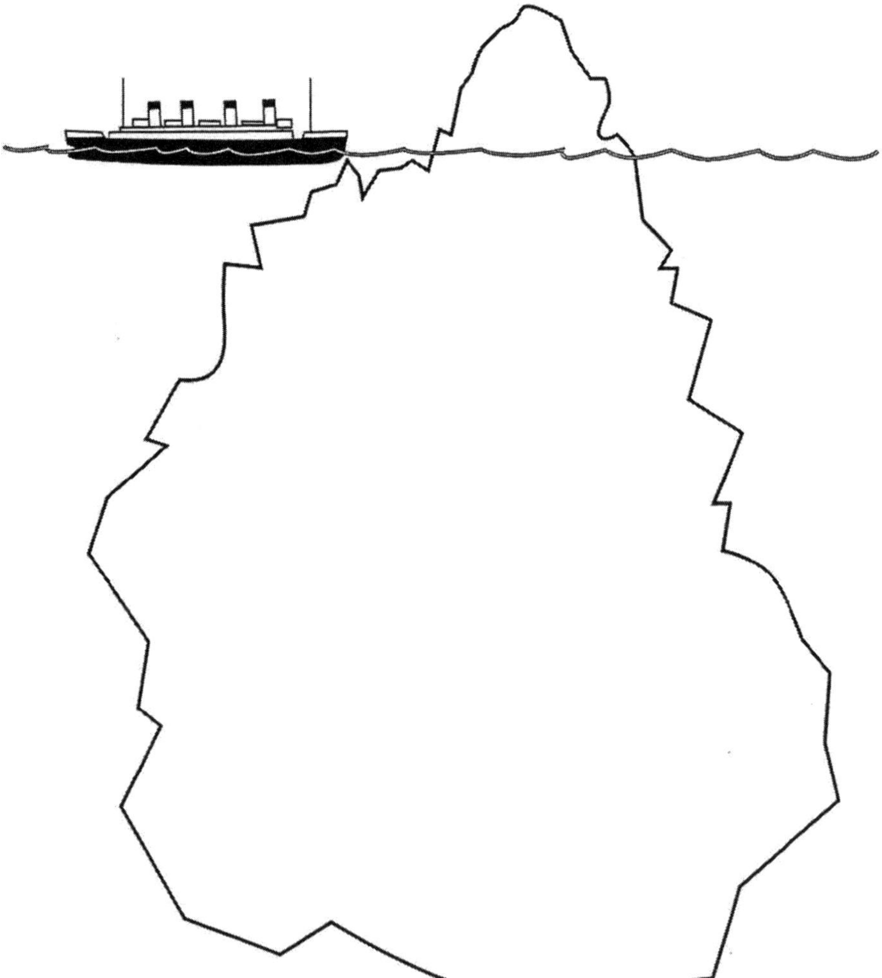

子どもたちが暴力によって受ける影響

就学前の子ども

- 攻撃的行動
- 動物への残酷さ
- しがみつき
- 器物損壊
- 不安
- PTSD症状

怒りや攻撃性を，不健康な方法で表現することを学習する

- 「自分が見たこと」と「親から言われたこと」が違うなど，「対立するメッセージ」に混乱することもある。
- 年齢的に，全てを自分中心に考える傾向があるので，暴力の原因は自分にあると思い込む。
- 男性は暴力をふるう，女性はふるわれる，といった性役割を学習する。
- 身近に暴力があると気持ちが不安定となり，自分で独立して行動ができなくなる場合があり，実際の年齢より下の子どものようなふるまいをすることがある。

児童期の子ども

- いじめ
- PTSD症状
- 日常的攻撃性
- 反抗的態度
- うつ
- 器物損壊
- 不安
- 学業不振
- ひきこもり
- 女性蔑視（性役割に対するステレオタイプな思い込み）

家庭内での暴力に対する自分の反応について，より意識が及ぶようになる

- 周囲への影響まで気にかけるようになる（例：母の安全，父が訴追されたら……という心配）。
- 暴力を正当化するような耳学問に影響を受けやすくなる（例：女性への暴力に関する神話）。
- 暴力のせいで気が散るなどして，学習到達度が低下する可能性がある。
- プラスになる物事を逃したり，マイナスとなる物事にわざわざ首を突っ込んだりして，さらに悪い評判を呼んでしまう可能性がある。
- 女性に暴力をふるう際の態度や行動を強めるようなメッセージに，より影響されやすくなる。
- 男性は暴力をふるう，女性はふるわれる，といった性役割を学習する。
- 対抗するために，残酷になったり攻撃的になる可能性がある。
- いじめる／いじめられるリスクが増大する。

青年期

- デートDV
- 不登校
- いじめ
- 身体的悩み
- 乏しい自尊心
- アルコール／薬物濫用
- 自殺念慮
- 家出
- PTSD症状
- 成績や出席状況の急激な悪化
- 女性蔑視（性役割に対するステレオタイプな思い込み）

PTSD症状

- 苦痛な出来事の再体験，侵入的回想
- 回避，麻痺
- 過覚醒
- 睡眠障害
- 記憶／集中の困難
- 否定的な考えの継続　など

子どもたちのふるまいは，「生きのびるため，状況に適応するための手段」でもある。
暴力を用いてはいけないという事実は変わらないが，子どもたちのこれらの行動は，ストレスや危機をやりすごすための手段とも言える。家のなかで同じ出来事を目撃していたとしても発達段階によって，子どもたちの受けとめ方や行動は異なる。つまり，きょうだいによって暴力の影響は異なる場合がある。このことを知った上で大人が接することが大切になる。

子どもたちの回復を支えるにあたって，次のことを心にとめておきましょう

①あなたは，子どもたちをDVに曝したと非難されるべきではない（加害者には，あなたに対する権力と支配を確立するために暴力を選んだ責任と，子どもたちを暴力に曝した責任がある）。
②あなたは，子どもたちのために最高で最も安全な選択をし，また現在もそれを続けている。
③あなたは，子どもたちの安全を確保している。

子どもたちの果たす役割

母親に対する暴力があった家族で，子どもたちが果たしている役割の例

養育者　年下のきょうだいや母親に対して親のようにふるまう。日常生活や家事の責任を担い（例：食事作り，妹や弟を寝かしつける），暴力が起きているときにきょうだいを守り，その後もなだめる（例：きょうだいたちを安心させる，母親にお茶を出すなど）。

母親の側近　母親の気持ち，気がかり，計画に精通している。暴力を目撃した後は加害者が後にその出来事について矮小化したり嘘をついたりした場合，その子の記憶が母親にとっての「事実確認」に役立つ。

加害者の側近　加害者からそれなりの対応をされている子どもは，母親への暴力を正当化するような発言を聞かされていることが多い。母親の行動を報告するよう求められたり，そのことで，特別扱いされたり，厳しい対応をされなかったりという恩恵があるかもしれない。

加害者の助手　加害者に取り込まれているか，母親への暴力に加担するよう強制されている（例：母親を侮辱するようなことを言わされたり，叩いたりさせられる）。

完璧な子ども　暴力の引き金と（誤って）受け取られかねない問題に積極的に取り組んで，暴力を防ごうとする。学校で優秀な成績をおさめ，決して主張せず，反抗もせず，悪いこともせず，問題があっても誰にも助けを求めないという場合もある。

調停者　間に立って，平穏を保とうとする。

いけにえ　家族の問題の原因にされ，親同士の対立はその子のせいだと責められ，その子の行動が暴力の正当化に使われる。その子には障害など特別ニーズがあったり，加害者にとって継子だったりする。

※Helping Children Thrive の文章を訳したものを掲載している。
（http://www.lfcc.on.ca/mothers.htmlから原本（英語）を全て無料でダウンロードできる）

責任についての考え方

よくある責任の考え方

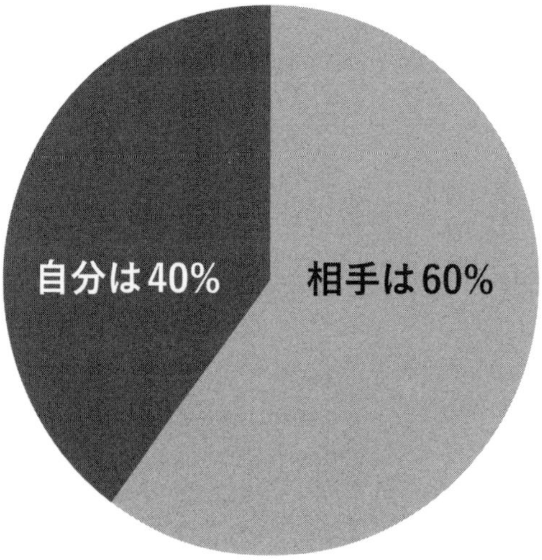

本プログラムにおける責任の考え方

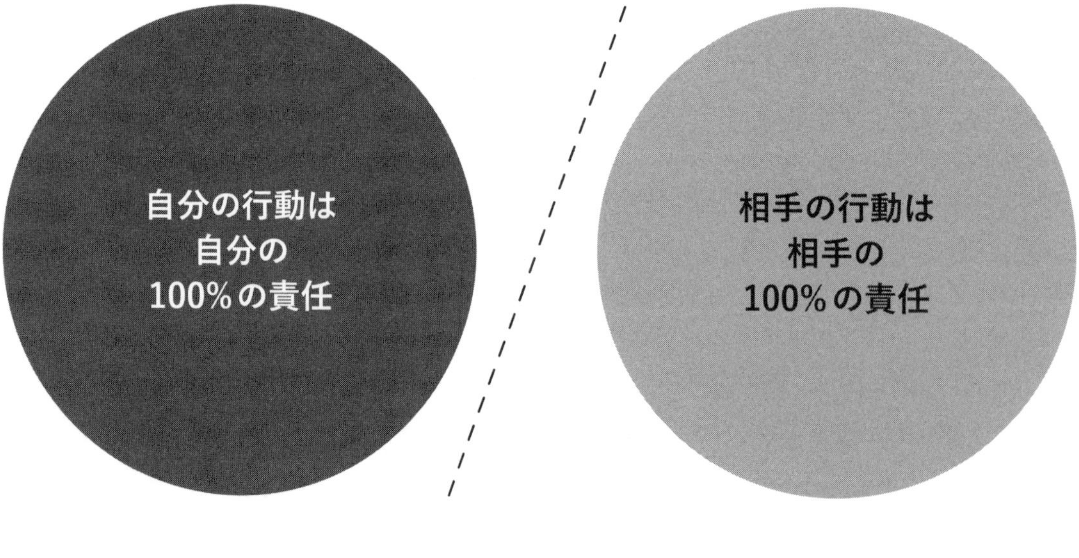

子どもたちの「暴力の責任」についての理解

就学前の子ども

自分を中心とした考え方をする

→自分が何かしたから母親が暴力を受けているんだと思いがちである。

→客観的に状況を見て，人がどういう意図でその行動をしたか，などを考えることはまだできない。

→子どもの考え方について納得いかないとか辛いことがあれば，子どもに言って聞かせようとするより，支援者と自分の感情や対応方法について話し合うことが大切になる。

児童期の子ども

何が正しいか，間違っているかについて，考えられるようになってくる

→公平さや行動の意図についてもわかってくる。

→ただし，男性から女性に対する暴力を正当化するような言い訳や神話を信じやすい時期でもある。

たとえば，アルコールが暴力の原因だ，被害者は暴力を受けても仕方ないような人だ，といったことである。自分のせいで暴力が起きると言われれば，それを信じてしまうこともある。

しかし，この時期の子どもは，父親が暴力をふるうのは何か外側に原因があるからだという考え方を必要としている。それは，自分の親の一方が，意図的に残酷になったり相手を傷つけようとしていると考えるのは耐えられないからである。外側に原因があると考えることで，子どもたちは混乱や葛藤，ストレスや危機を乗り切っているわけで，ある種の「適応(コーピング)のメカニズム」が働いていると言える。暴力をふるった人だけに責任があると考える準備はできていない。

青年期

青年期になると，責任の考え方も理解できるようになる

→彼らには父親から母親への暴力の責任はないと伝えると同時に，加害者が自分の行動の責任を取るべき存在であることを強調する。

父親から母親への暴力の責任は，子どもたちにはない

●文献

Cunningham, A. and Baker, L. (2004) What About Me! : Seeking to Understand a Child's View of Violence in the Family, London. ON : Centre for Children and Families in the Justice System.

子どもグループにおける怒りの定義

「怒りとは，物事が思い通りに行かないときに起きてくる感情である。何かが違っている，何かをしなくてはいけないというサインである」

グループで子どもたちに伝えること

- 怒りを感じてもよい。
- 怒りをためこみすぎると爆発してしまう。
- 怒りの感情は自分のことに気づくための道具である。
- 怒りを表現する健康的なやり方を考えよう。

子どもの話を「聞く」

「聞く」ために，次のような考え方を参考にしてみましょう

- まずは，最後まで聞いてみよう。
- すぐに答えを出さなくてもいい。
- 今すぐアドバイスする必要はない。
- 子どもは何を言おうとしているのかな。
- 今，子どもはすごくストレスがたまって○○な気持ちを伝えているんだ。
- 子どもにとってはそれが事実なんだ。
- 私は自分を守ろうとしなくていい。
- 子どもの発言を受けて，自分は何に困っているのか？
- 子どもの発言を受けて，自分は何が不安なのか？
- 思ったことを子どもに伝えてみて，もし違っていても仕方ない。
- 子どもに勝つためにこの場にいるのではない。
- 自分は子どもにあたって，うさばらしをしようとしてないか？
- 自分の意見が絶対の真実ではない。
- 子どもと自分の両方にとって良くなるように行動しよう。

「聞く」ために役立つセリフ

- あなたが話しているのは○○のことかな……
- 違っていたら教えてほしいんだけど……
- ○○ということでいいのかな。
- 今，話しかけてもいいかな。
- 私は○○と思ったよ。
- 私は○○と感じているけど……

人生の樹

My Tree Of Life

セルフケアのためのリスト

あなたにとって基本的に必要なこと

このリストは，できていないことに罪の意識を感じるためのものではありません。あなたが満たされなかったり，落ち込んだり，落ち着かないとき，このリストを参考にセルフケアをしましょう。また，このリストはこれからの人生を頭に描くことにも役立つでしょう。

□01．6時間から8時間の睡眠時間を毎日確保できていますか？
□02．新鮮で体に良いものを毎日食べていますか？
□03．短い時間でも，自然と親しんでいますか？
□04．日にあたったり，外の空気を吸っていますか？
□05．十分な水分をとっていますか？
□06．1年に1回は婦人科の検診や診察を受けていますか？
□07．6カ月に1回は歯科の検診や診察を受けていますか？
□08．身体的な欲求や体調について，体の声に耳を傾けていますか？
□09．セクシャルな楽しみを持っていますか？
□10．適度な運動をしていますか？
□11．人と親密な関係を持っていますか？
□12．友だちと一緒に過ごしますか？　良い関係を持てていますか？
□13．落ち込んだとき，話を聞いてくれる友だちは誰ですか？
□14．困ったときには相談をしていますか？
□15．ネガティブな感情を開放するようにしていますか？
□16．失敗したときに，自分を許していますか？
□17．目標や，やりがいを感じるものがありますか？
□18．あなたの身の回りに美しいものを取り入れていますか？
□19．一人になる時間をとっていますか？
□20．毎日，（週末ごとに）精神的な栄養を得ていますか？
□21．最近，涙が出るくらい笑ったときのことを思い出せますか？
□22．自分がどんな人間であるか，あなた自身を受容していますか？

3つの傷

見たことがある傷つく出来事を，それぞれの傷に分けて書いてみましょう。

外側の傷

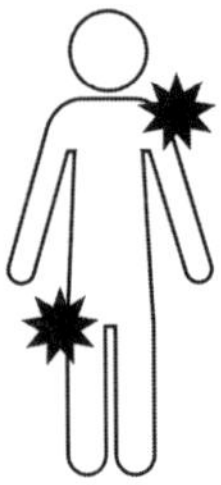

内側の傷

性的暴力

感情の種類

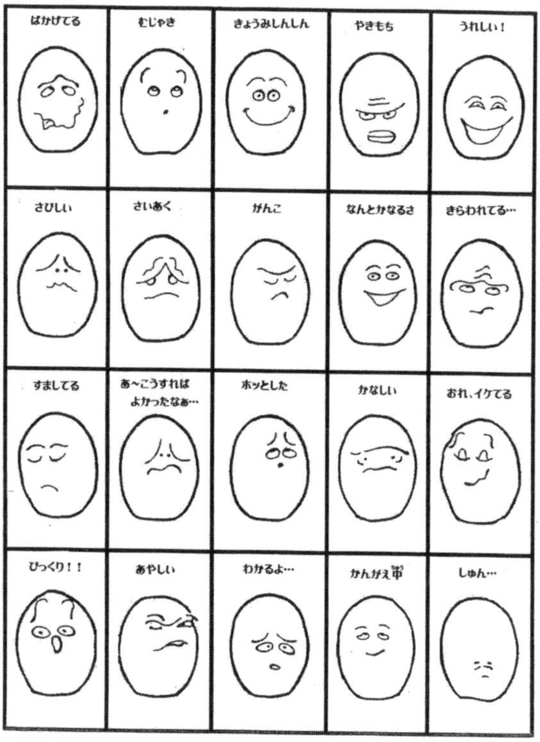
はかげてる
むじゃき
きょうみしんしん
やきもち
うれしい！
さびしい
さいあく
がんこ
なんとかなるさ
きらわれてる…
すましてる
あ～こうすれば
よかったなぁ…
ホッとした
かなしい
おれ、イケてる
びっくり！！
あやしい
わかるよ…
かんがえ中
しゅん…

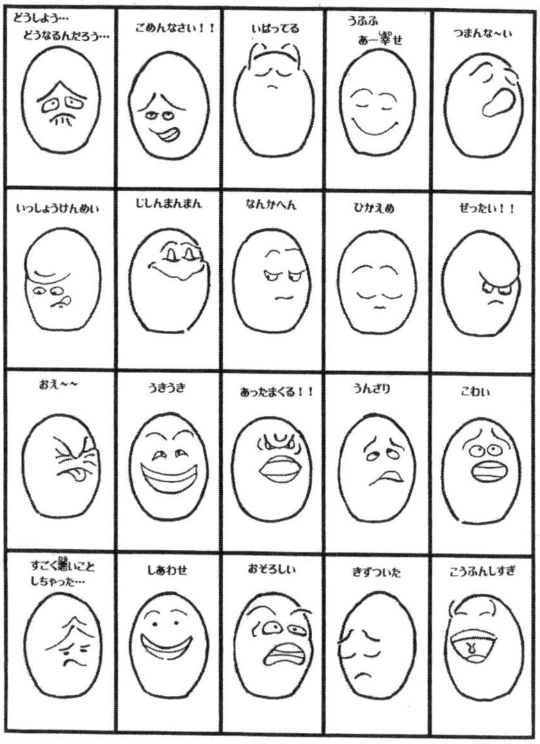
どうしよう…
どうなるんだろう…
ごめんなさい！！
いばってる
うふふ
あー幸せ
つまんな～い
いっしょうけんめい
じしんまんまん
なんかへん
ひかえめ
ぜったい！！
おえ～～
うきうき
あったまくる！！
うんざり
こわい
すごく悪いこと
しちゃった…
しあわせ
おそろしい
きずついた
こうふんしすぎ

わたしの責任

あなたが誰かを傷つけるようなことを言ってしまった時，どうすればいいでしょう。
あなたが言うことのできる言葉，取ることのできる行動を書いてみましょう。

例えば：「ごめんなさい」と言う，「そんなつもりじゃなかったの」と説明する，頭を下げてあやまる，握手する，おもちゃを返す，など

あなたが誰かから傷つくことを言われたり，されたりした時，どうすればいいでしょう。
あなたが言うことのできる言葉，取ることのできる行動を書いてみましょう。

例えば：「そんなこと言わないで」と言う，「悲しい気持ちになる」と伝える，そこから離れて安全な場所に行く，大人の助けを求める，など

問題解決ワークシート

Step 1　何が問題（困っていること）かな？

Step 2　どんな解決法が思いつくかな？（アイデアをどんどん出してみよう）

Step 3　今思いついたそれぞれの解決法について考えてみよう。

それは，安全かな？
それを，人はどう感じるかな？
それは，フェア（公平）かな？
それは，あなたが使えそうかな？
どれが一番，うまくいきそうかな？

Step 4　解決法を１つ選んでやってみよう。どんなやり方にする？

Step 5　うまくいったかな？　うまくいかなかったとしたら，どう変えられるかな？　ほかのやり方に変えてもいいよ。

怒りの温度計

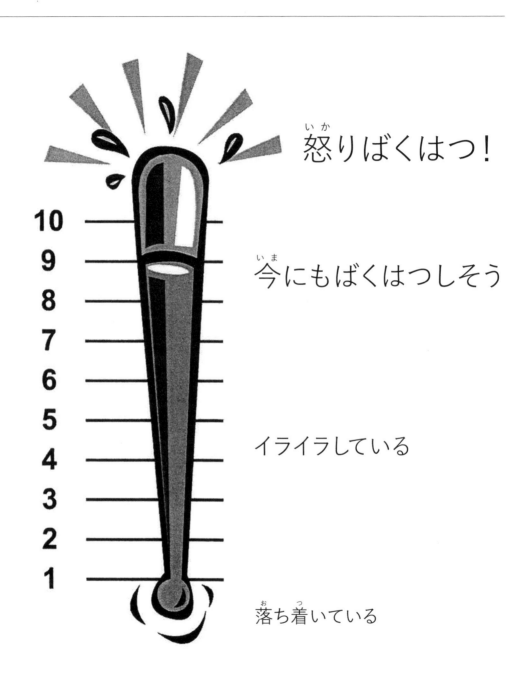

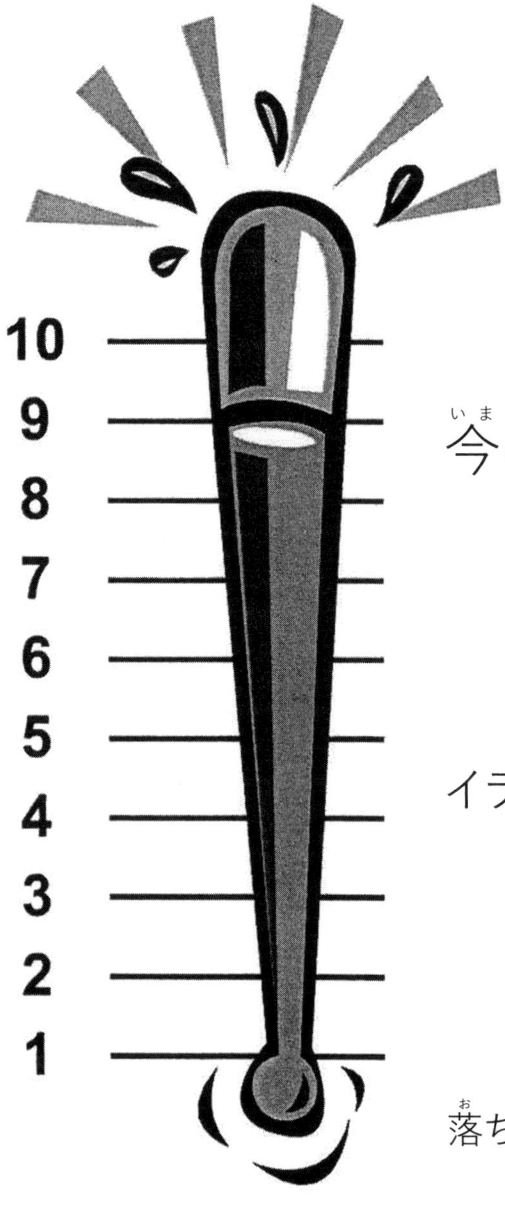

自分の怒りに気づいていることは大切なことです。自分が今，どのくらい怒りを感じているかを知るために，怒りの温度計ではかってみましょう。

配付資料17

怒りとはなんでしょうか

怒りとは，物事が思い通りに行かない時に起きてくる気持ちです。
怒りは何かが違っている，何かをしなくてはいけないということに気づくサインでもあるのです。

わたしの安全計画 1

家で，親がけんかを始めたり，誰かがあなたに暴力をふるったりした時，どこかに避難をしたり，助けを求めたりすることは，あなたが安全でいるために大切なことです。

1．もしも，けんかがひどくなって，お母さんがけがをした場合，どこに助けを求めればいいでしょう。

2．警察や消防署の電話番号は？

警察	消防署

助けてもらう時に，あなたがしなくてはならないことを，練習しましょう。

救急車を呼ぶための電話

①どこから電話しますか？　電話するのに安全な場所はどこ？

②電話をかける。

③「こちら119番。どうしましたか？」「＿＿＿＿＿＿＿＿＿＿」

④「私の名前は＿＿＿＿＿＿＿＿＿＿」

⑤「住所は＿＿＿＿＿＿＿＿＿＿」

⑥「電話番号は＿＿＿＿＿＿＿＿＿＿」

⑦救急車が来るまで，安全な場所で待つ。

わたしの安全計画 2

あなたが危ない時，困った時，相談できる機関のリスト
——困ったら相談しよう

相談できるところ	電話番号等
児童相談所虐待対応ダイヤル	**189** ※通話料無料
24時間子供SOSダイヤル	**0120-0-78310** いつでも相談できる・年中無休 ※通話料無料
子どもの人権110番	**0120-007-110** 「いじめ」や虐待など子どもの人権問題に関する専用相談電話 ※通話料無料 受付時間：平日8：30–17：15 土・日・祝日・年末年始は休み

プライベートパーツ

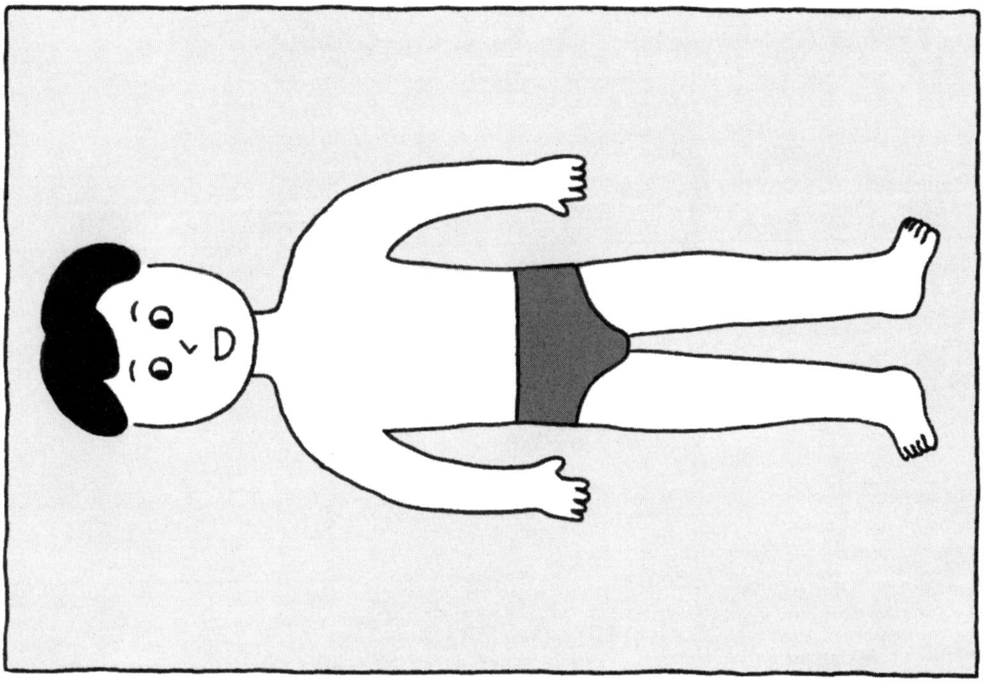

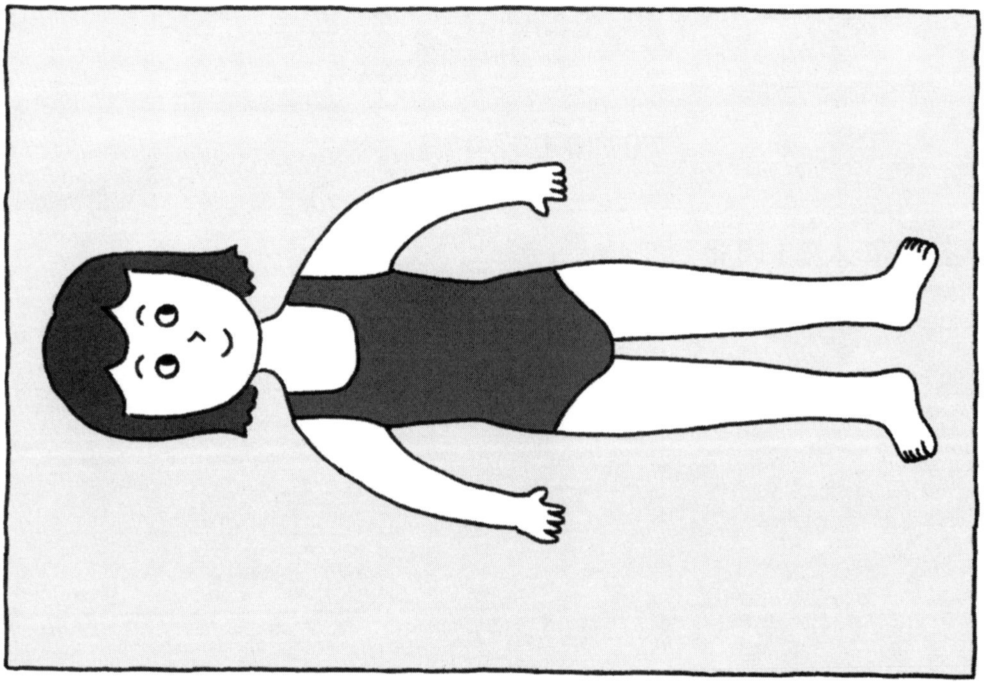

大丈夫なこと，大丈夫じゃないこと

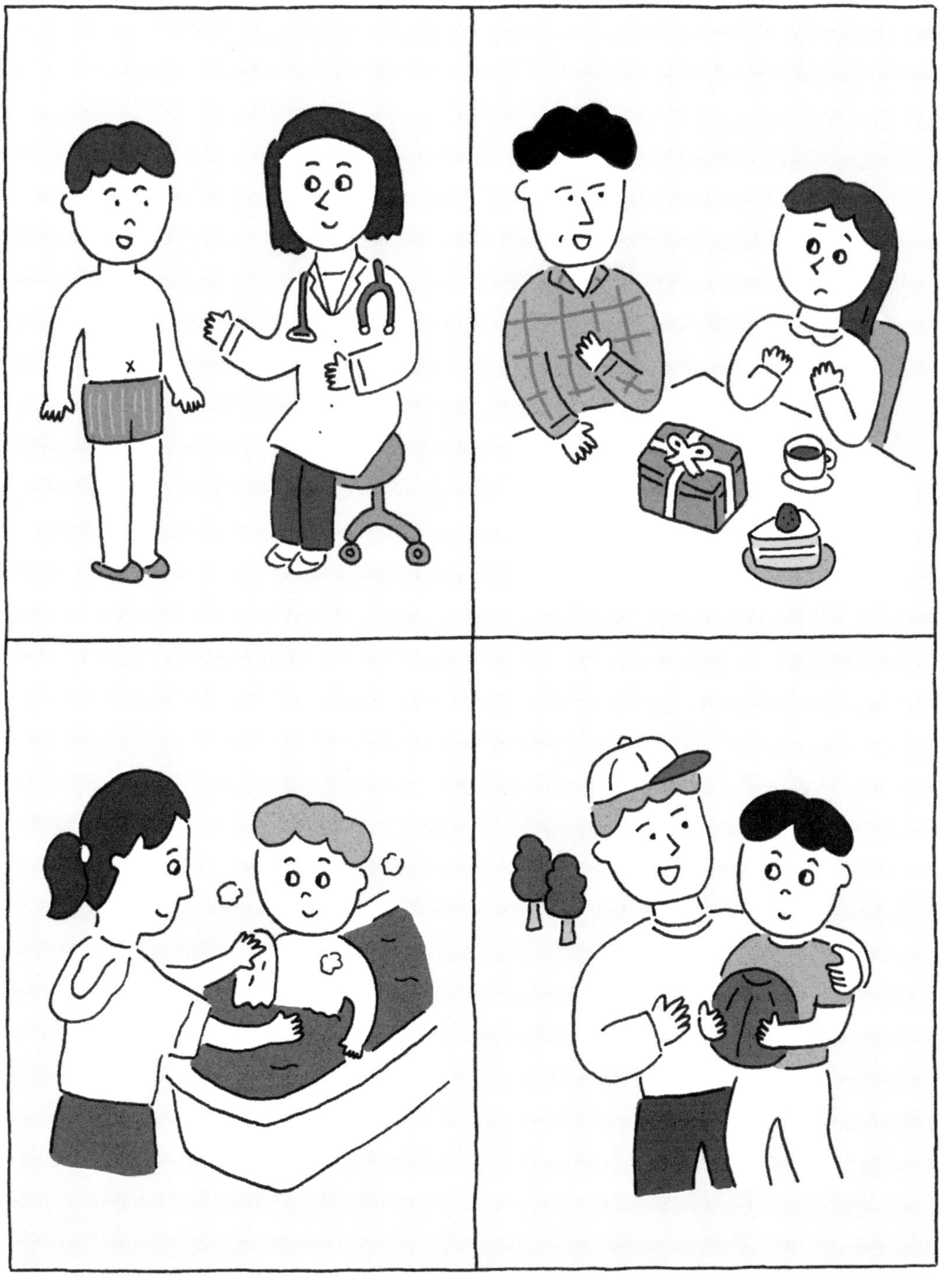

権力と支配とは？

孤立させる

- 何をするか，誰に会うか，誰と話すかをコントロールする
- 行き先をチェックする
- 友人関係を邪魔する
- 何が嫉妬させ，怒らせているかを知らせ，そうしない方がいいと思わせる

精神的暴力

- 嫌がらせをする
- 中傷する
- 意地悪な表情をする
- 嫌なジェスチャーをする
- 女性のほうが頭がおかしいと思わせる
- ものを壊す
- 脅す
- 壁を殴る
- ペットを傷つける
- お気に入りのものを壊す

子どもを利用する

- 子どもに母親についてよくないことを言う
- 子どもを伝達係にする
- 子どもを引き離すと脅す
- 彼女にひどい親だと言う

矮小化・否認・非難

- 暴力はそんなに悪いことではないと言う
- 暴力などなかったと言う
- 彼女が暴力をふるわせたと言う
- 暴力をアルコールのせいにする
- 全て彼女が悪いと言う

身体的暴力

ぶつ，ける，平手打ちをする，パンチする，押す，つねる，髪をひっぱる，窒息させる，押さえ込んで逃げられないようにする，銃で撃つ，刃物で刺す，首を絞める，傷がつくくらいつかむ

社会的地位，特権を利用する

- 女性なのだから暴力は止められないし，受けて当然だと言う
- 関係性において男性が上位ですべての決定権があると言う
- 信仰を利用して男性に従わせる
- 家事全てを女性に強要する
- 子育てを手伝わない

経済的暴力

- 彼女から全財産を取り上げる
- 仕事をさせない，続けさせない
- 頼まないとお金を渡さないようにする
- お金について彼女に決断させない

性的暴力

- 嫌がっているのにプライベートパーツを触る
- 望まない性的接触
- レイプ
- セクシャルハラスメント
- お尻をぶつ
- 乳房をつかむ
- 乳首をつかむ
- ブラジャーのひもをはじく
- 人の身体のことをあれこれ言う
- 人に向かってヒューっと口笛を吹く
- 歩いている人の体を品定めする

出典：The Community Group Treatment Program, based on the work of The Domestic Abuse Intervention Project, Duluth, USA.
改訂：The London Battered Women's Advocacy Centre.

配付資料22

愛情とは？　愛情でないものとは？

愛情について語る方法はたくさんあります。愛情とは何かを語るイメージや言葉がありますが，いざ行動するとなると混乱したり，望ましくない状況につながることもあります。実際，本当の愛情ではないメッセージもあり，愛情とは一言では言い尽くせないものです。以下の2つのリストは，何が愛情で何が愛情でないかを理解する助けになるかもしれません。リストを参考に，あなたは自分がどんなふうに扱われたいかを考えることができます。

愛情とは？

責任
努力を要するもの
喜び
献身
思いやり
正直さ
セックス
信頼
コミュニケーション
分かち合い
妥協
親密さ
違いを認め合うこと
傷つきやすいもの
寛容さ
尊敬
友情
強い思い

愛情でないものとは？

嫉妬
所有
痛み
暴力
セックス
執着
自分勝手になること
残酷
妊娠すること
妊娠させること
依存
自分の全てを犠牲にする
威嚇
ものにする
恐怖
能力を見せつける
操作する
自分の全ての要求が満たされるよう求める

出典：Outreach to Teens（10代の女性に対する暴力被害者を援助するカウンセラーのためのマニュアル）／Autumn Houseの許可を得て改訂

非暴力で，健全で，平等な，楽しい関係とは？

気持ちを尊重する

- 反対意見を述べる時も相手をけなしたり脅したりしない
- 自分で判断することや安全でいることを，お互いの権利として尊重する
- 相手の意見に賛成できなくてもお互いの気持ちを理解しようと努める
- 互いの考え方に気づけるようにする

相手に耳を傾ける

- 何を考え，どう感じているか聞く
- 相手の立場に立って共感し，相手の思いを推測する
- 自分が理解できているかを確かめるために，聞いたことを口にする
- 何が相手にとって大切かを聞いてみる

自由

- 自分自身の意見，感情，場所，活動，友人を持つ権利がある
- 私たちは誰をも所有できない，互いを気遣うことができる独立した個人である
- 嫉妬を感じたら，束縛するのではなく，不安な思いを表現する
- どちらからでも別れを決断できる

共に活動する

- 時には一緒に行動する
- 両者が楽しめることをする
- お互いの喜び，成功，夢を後押しする
- お互いから学ぶ

親切

- 互いに助け合う（お互いの限界を尊重した上で）
- 見返りを求めずに，心をこめて贈り物をする（金銭よりも真心が大切）
- 一貫した敬意を持って相手を気遣う（虐待の後の謝罪とは異なる）

お互いの愛情

- お互いに好意を抱き，感謝していることを伝え合う
- 相手に触れたかったら，いつ，どのようにするか，両者で決め，お互いに愛情を感じられているかに気をつける
- お互いの価値観，所有物，身体，空間，限界を尊重し，相手が嫌だといったらやめる

決断を分かち合う

- ゆだねず，一緒に決める
- 違いについては交渉する
- 費用は公平に分ける
- どちらにとっても良い選択を探す
- 誰も，お金を払ってキスしたり，さわったりすることはできない

正直さと信頼

- 心からほめる
- 問題を話し合う
- 気持ちを伝えるためにI-message（アイメッセージ：I（自分）を主語にした言い方。例：わたしは～と感じている）を使う
- 自分のしたいことをお願いし，相手に察してもらうことを期待しない
- 噂を耳にしたら，（責めるのではなく）聞いてみる

出典：www.law.cua.edu/academic/cle/falc/Teenworkshopmatieral
Click on the link: Characteristics of Healthy & Enjoyable Friendships of Dating Relationships

IX

参考資料

プログラム前後に行う参加者の評価と，その評価に基づく有効性の検証について

1——評価の目的

コンカレントプログラムを行うにあたって，参加候補者である母子の状態を評価することが望ましい。その目的として，以下の3点が挙げられる。

①参加する母子の状態を検討することで，プログラムへの参加に問題がない程度の安定を持っているか，母親グループないし子どもグループの間に注意すべき点はないかどうかをチェックする。母子において，PTSD症状，解離症状，衝動行為，対人不安，発達障害（傾向）などが深刻な場合には，グループ活動に入りにくい場合があるため，事前にこれを判断する。
②プログラム前とプログラム後の変化を見て，プログラムでできたことと，まだ残っている課題を確認する。
③個々の事例に関して，心理アセスメントに基づきフィードバックをすることができる。特に，終了後においては援助の継続が必要な場合が多く，その点について心理アセスメントに基づいたアドバイスが可能になる。

2——評価の手法

1 行動観察

事前事後のインテークや，そのときに行った遊びの場面における様子をチェックする。子どもの緊張の度合いやおもちゃでの遊び方，母子の相互作用（母子が一緒のときと，分離時や再会時の様子など）を観察し，個々の状態像，母子関係などについてのアセスメントを行う。母親がDV被害の影響で養育に十分な力を注げなかったり，感情的な問題を生じていると，母親が子どもに目がいかない様子が見られたり，子どもにとって母親が側にいる方が，余計に緊張する様子が見られることもある。または，母親に対して子どもが攻撃的な様子を見せる場合もある。

2 質問紙

以下に紹介する質問紙は，我々がコンカレントプログラムを初めて日本で施行したときに用いた尺度である。しかしこれらの質問紙は，このプログラムの施行において，必須というわけではない。むしろ，暴力の状況やその暴力に対する認識，子どもの全般的な症状・問題行動，トラウマ症状，母子関係についてアセスメントできれば，他の尺度を使用しても構わない。各々の尺度について，詳しくは参考文献を参照されたい。

母親から見た子どもの評価

- ACBL-R（Abused Children's Behavior Checklist Revised）：虐待を受けた子どもの行動チェックリスト。虐待を受けた子どもに認められる行動特徴について，当該児の養育や教育に携わる大人向けに作成された51項目の質問。この結果は，51項目全体の合計と次の11個のサブスケール（「虐待的な人間関係の再現」「力による対人関係」「自信の欠如」「注意多動の問題」「学校不適応」「感情の抑制／抑圧」「性的逸脱行動」「希死念慮／自傷性」「反社会的行動」「食物固執」「感情調整障害」）として導かれる。

子ども自身による評価

- TSCC（Trauma Symptom Checklist for Children）：トラウマ症状チェックリスト。子どものトラウマ症状チェックリストは，Briere（1996）によって開発された自記式質問紙である。虐待など，トラウマ体験による心理的影響を評価するために使用される。対象となる子どもの年齢は8〜16歳であり，54項目の質問と，6つの臨床尺度（「不安尺度（ANX）」「抑うつ尺度（DEP）」「外傷後反応尺度（PTS）」「怒り尺度（ANG）」「解離尺度（DIS）」「性に対する関心尺度（SC）」）と，「解離尺度（DIS）」の下位尺度である「解離／顕在的解離尺度（DIS）（DISO）」「解離／ファンタジー尺度（DISP）」の2つ，そして「性に対する関心尺度（SC）」の下位尺度である「性／性的とらわれ（SCP）」「性／性的苦悩（SCD）」の2つを合わせた，計10の尺度から構成される。
  TSCC-AはTSCCから性に対する関心尺度を除いた44項目で構成され，学校や集団場面での調査の場合に用いられることが多い。日本語版は西澤哲により作成されている。
- DVや家族関係に関する子どもの意識に関する質問票：Visual Analogue Scaleを用いて，子ども自身の感情状態や子どもから見た母親の様子や親子関係について尋ねる。
  また，子どもから見た暴力に対する考え方（暴力の責任を自分に向ける考え，暴力を肯定する考え方など）や暴力への対処法を尋ねる。これらはグループのなかで教えていく内容になっている。
  この質問票は，RRP研究会が作成した（p.199を参照）。

母親の評価

- DVSI（Domestic Violence Screening Inventory）：DV被害に関する評価には自記式の改訂版葛藤戦術尺度（The Revised Conflict Tactics Scale : CTS2）が世界的に利用されてきた。これを短縮したものが，石井朝子ほかが作成したドメスティックバイオレンス簡易スクリーニング尺度（Domestic Violence Screening Test : DVSI）である。
  DVSIは，過去1年間にパートナーが行った葛藤戦術の回数を尋ねる形式になっており，「心理的虐待」「身体的暴行」「性的強要」「傷害」の4つの項目に分かれている。
- IES-R（Impact of Event Scale-Revised）：Horowitzにより開発された外傷後ストレス症状に関する自記式質問紙IESを，Weissらが改定したものである。IESの15項目（侵入症状7項目，回避項目8項目）に過覚醒症状を加えて22項目とし，過去1週間の症状の強度を0〜4の5段階で自己評価する形となっている。
  日本語版の作成は飛鳥井望ほかによって行われ，その信頼性と妥当性は確認されており，PTSDのスクリーニングのためにはカットオフ値を24/25点とすることが推奨されている。DV被害によるトラウマ症状を調べるために用いる。
- GHQ-30（General Health Questionnaire 30）：神経症傾向を測定する目的で作成されたものであるが，ストレス症状の評価に用いられることが多い。GHQのカットオフ値は5/6点であり，6点以上では，ストレス症状があると言われる。GHQ30は総得点による評価以外に6つの下位尺度（「一般的疾患傾向」「身体的症状」「睡眠障害」「社会的活動障害」「不安と気分変調」「希死念慮」）をみることができる。
- FDT（Family Diagnostic Test）：親子関係診断検査。親子関係を母子双方から評価するテストである。このうち，親用の質問を用いた。親用の質問項目は40項目からなり，「無関心」「養育不安」「夫婦間不一致」「厳しいしつけ」「達成要求」「不介入」「基本的受容」という7つの尺度で判定する。

グループの有用性に関する評価

- 母親へのアンケート：母親に対する自記式アンケートの質問で，「このグループはお子さんにとってどのくらい助けになったと思いますか」「お子さんとグループのことを話しましたか」「プログラム参加後における子どもの変化がありましたか」「プログラム終了後にどんな子どもの変化が見られたか」などの質問をする。
- 子どもへのインタビュー：学童期以降の子どもには終了後に，「プログラムの全体的な感想や印象的であったことは何ですか」「自分自身の変化がありましたか」などを尋ねた。

3——有効性について

カナダにおけるコンカレントプログラムの有効性についてSudermann, Marshall

and Loosely（2000）が，1994～1995年に行ったカナダでのコンカレントプログラムの効果について報告している。これによれば，子どもグループの有用性について肯定的な評価は86％であり，子どもの変化については74％が肯定したという。

日本におけるコンカレントプログラム（12回版）の試行（森田ほか，2009；春原ほか，2009；大原ほか，2009）では，以下の結果が得られている。

1 子どもの変化

母親から見た子どもに対するグループの影響としては，肯定的に評価した者が87.5％で，子どもの変化についても62.5％が肯定していた。また，暴力などについて母子で話す機会が増えているとした者が多かった。

学童期の子どもにプログラムの感想を聞いたところ，「皆で遊んだりして楽しかった」「暴力がいけないことを学べた」「怒りをためなくなった」「心が強くなった」などの反応が得られた。グループで仲間との関係を楽しみ，また暴力や感情についても理解が進められることがわかった。

虐待を受けた子どもの行動チェックリスト（ACBL-R）の得点は，「希死念慮／自傷性」の平均得点の低下，問題行動が多い群ではプログラム前後で合計T得点の低下が認められた。一方，問題行動が中等度の群では，プログラム前後の推移は，事例によりさまざまであった。

2 親の変化

実施前のIES-R得点の最大値は59点，最小値は12点，平均値38点とトラウマ症状の得点が非常に高かった。プログラム実施後は最大値は56点，最小値は11点，平均値27.9点となり，ほとんどの事例でIES-R得点は実施前より低下が見られた。

精神健康度（GHQ-30）得点は，実施前は最大値は21点，最小値は1点，平均値14.4点であった。GHQ-30のカットオフ値は5/6点であったが，カットオフ値の5点以下の人は一名のみと，残りのほとんどの人は何らかの精神的な不調を抱えていることがわかった。プログラム実施後のGHQ得点は，最大値は18点，最小値は1点，平均値10.9点となり，得点が増加した一事例を除き，ほとんどの人のGHQ得点が減少していた。

FDT得点は，一般群（小学生）と比較すると「厳しいしつけ」「達成要求」項目でDV被害群が低く，特に「厳しいしつけ」で10パーセンタイル以下のレッドゾーンに属したのは，8名中 6名（75％）と多数だった。これらの項目の結果から，「親としての主張」が子どもに向けられていない，つまり親としての自信のなさの裏返しを示していると考えられた。母子関係においては，参加前後で特に大きな変化は見られなかった。

以上から，子どもはこのグループ活動によって，仲間と楽しみ，普段とは異なる感情表出をしながら，感情や暴力などについての考え方を学ぶことができていたと言える。しかし，短期間ですぐに安定化するというところまでは達していない。一方母親は，トラウマ症状の減少や精神健康の改善を生じている。こうした母子の変化をもとに，母子間でそれまで話せなかった暴力や感情についての会話は増えていた。

このコンカレントプログラムは，DVによりダメージを受けた母子関係を回復するところまではいかないが，いったん滞っていた相互作用を活性化して，回復過程を再開する効果は持っていると考えられる。

●参考文献

Briere, J.（1996）Trauma Symptom Checklist for Children（TSCC）: Professional Manual. Odessa, FL : Psychological Assessment Resources.

森田展彰・春原由紀・古市志麻ほか（2009）ドメスティック・バイオレンスに曝された母子に対する同時平行グループプログラムの試み（その1）. 子どもの虐待とネグレクト 11 ; 69–80.

大原美知子・妹尾栄一・信田さよ子ほか（2009）ドメスティック・バイオレンスに曝された母子に対する同時並行グループプログラムの試み（その3）――母親の回復について・子どもの虐待とネグレクト 11 ; 90–97.

Sudermann, M., Marshall, L. and Loosely, S.（2000）Evaluation of the London（Ontario）Community Group Treatment Program for Children Who Have Witnessed Woman Abuse Children Exposed to Domestic Violence. Philadelphia, PA : The Haworth Press, pp.127–146.

春原由紀・森田展彰・古市志麻ほか（2009）ドメスティック・バイオレンスに曝された母子に対する同時並行グループプログラムの試み（その2）――子どもグループについて. 子どもの虐待とネグレクト 11 ; 81–89.

DVや家族関係に関する子どもの意識に関する質問票

1．あなたやお母さんのこと

- あなたは今，おうちでどれくらい元気ですか？　ぜんぜん元気がないのを0点，最高に元気なのを100点としたら，何点くらいでしょうか？　あてはまるところに×をかいてください。

0点　　　50点　　　100点

- あなたは，おうちでお母さんとよくお話ししますか？　ぜんぜんお話ししないことを0点，ものすごくたくさんお話しするのを100点としたら，何点くらいでしょうか？

0点　　　50点　　　100点

- お母さんは，おうちでニコニコしていますか？　ぜんぜんニコニコしていないのを0点，いつもニコニコしているのを100点としたら，何点くらいでしょうか？　あてはまるところに×をかいてください。

0点　　　50点　　　100点

2．ケンカや暴力のこと

- あなたは家で，お父さんとお母さんがケンカをしているところを見たことがありますか？
- あなたの家のおとながケンカしているときに，あなたは（危険から自分をまもるために）どんなふうにしましたか？
- もし，だれかがあなたのお母さんを傷つけようとしたら，あなたは何をするでしょう？
- あなたは，ケンカをとめようとしますか？
- ピンチのときに助けてくれる人や，電話など連絡できる場所がありますか？　できれば，1つ以上おしえてください。
- もし家族でケンカがあったら，あなたは誰に話しますか？　できれば，1人以上おしえてください。
- 次のことは正しいですか，まちがっていますか？

①お父さんがお母さんを叩くこと　　正しい｜わからない｜まちがい

②お父さんがお母さんの悪口を言うこと　　正しい｜わからない｜まちがい

③お母さんはお父さんを怒らせることをしたから，叩かれるのはしょうがない　　正しい｜わからない｜まちがい

④お父さんとお母さんがケンカばかりしていたのは，子どもが悪かったからだ　　正しい｜わからない｜まちがい

⑤はらが立ったら，少しくらいなら相手を叩いてもよい　　正しい｜わからない｜まちがい

おわりに

このマニュアルは，2010年発行の『コンカレントプログラムマニュアル――日本におけるDV被害母子同時変更プログラム実践報告』，および，2014年発行の『改定版コンカレントプログラムマニュアル――DV被害にあった母親と子どもたちの同時並行心理教育プログラム』を基に，実践上の使いやすさを主眼に置いて加筆再編集したものです。

ここに，コンカレントプログラム・マニュアルの作成・執筆・編集，また実践に携わった方々を記して，謝辞を述べるものです。

泉さわこ・大橋洋綱・大原美知子・金澤眞智子・上原由紀・古賀絵子・春原由紀・妹尾栄一・田尻さやか・高梨朋美・高橋郁絵・田中ひな子・水流恵子・丹羽健太郎・信田さよ子・古市志麻・古川　萌・本多清見・森田展彰・谷部陽子・武蔵野大学大学院生の皆さん（50音順）

編集代表略歴

春原由紀（すのはら・ゆき）

武蔵野大学名誉教授／NPO法人RRP研究会理事。公認心理師。
1948年東京都生まれ。1973年お茶の水女子大学大学院修士課程（児童学専攻）修了。都立松沢病院，目黒区教育相談員，埼玉純真女子短期大学，武蔵野女子大学短期大学部等を経て，2001～2013年武蔵野大学人間科学部教授（大学院人間社会研究科教授・心理臨床センター教授を兼務）。2013年より武蔵野大学名誉教授。1996年より2022年まで原宿カウンセリングセンターにて相談臨床業務に従事。2008年よりコンカレントプログラムの実践研究に携わる。
主な編著書　『キーワード心理学6 臨床』（新曜社［2016］単著），『精神保健――子どもと家族の援助のために』（樹村房［2005］編著），『子ども虐待としてのDV――母親と子どもへの心理臨床的援助のために』（星和書店［2011］編著），『保育者は幼児虐待にどうかかわるか――実態調査にみる苦悩と対応』（大月書店［2004］共著），NPO法人リスペクトフル・リレーションシップ・プログラム研究会（RRP研究会）＝編著『DV加害者プログラム・マニュアル』（金剛出版［2020］分担執筆）。

古賀絵子（こが・えこ）

原宿カウンセリングセンター／NPO法人RRP研究会。公認心理師・臨床心理士。
一般企業にて勤務の後，お茶の水女子大学大学院発達臨床心理学コース修士課程修了。2007年より，NPO法人RRP研究会の運営に携わる。同会にてDV加害者更生プログラムのファシリテーター，コンカレントプログラムのファシリテーターを務めると共に，講師として，両プログラムのファシリテーター養成研修等を実施。主な関心は，DV・虐待・性犯罪・ハラスメントの被害者支援と，加害者の行動変容。原宿カウンセリングセンターのカウンセラーとしても心理相談業務に携わっている。2022年より，日本臨床心理士会バイオレンス・ハラスメント専門委員会委員を務める。
主な編著書　NPO法人リスペクトフル・リレーションシップ・プログラム研究会（RRP研究会）＝編著『DV加害者プログラム・マニュアル』（金剛出版［2020］分担執筆），リサ・M・ナジャヴィッツ『PTSD・物質乱用治療マニュアル「シーキングセーフティ」』（金剛出版［2017］分担訳）ほか。

執筆者一覧（50音順）

古賀絵子　原宿カウンセリングセンター／NPO法人RRP研究会

春原由紀　武蔵野大学名誉教授／NPO法人RRP研究会理事

妹尾栄一　埼玉県済生会鴻巣病院／NPO法人RRP研究会理事

信田さよ子　原宿カウンセリングセンター顧問／NPO法人RRP研究会代表理事

森田展彰　筑波大学医学医療系社会精神保健学研究室／NPO法人RRP研究会監事

DVに曝された母子を支援する
コンカレントプログラム・マニュアル

2023年11月20日　印刷
2023年11月30日　発行

監修――――NPO法人リスペクトフル・リレーションシップ・プログラム研究会（RRP研究会）
編集代表――春原由紀・古賀絵子

発行者―――立石正信
発行所―――株式会社 金剛出版
〒112-0005 東京都文京区水道1-5-16　電話03-3815-6661　振替00120-6-34848

装丁◉岩瀬聡　本文組版◉川本要　本文イラスト◉北野有（p.103, 117, 176, 186, 187）　印刷・製本◉シナノ印刷

ISBN978-4-7724-2010-5 C3011

好評既刊

Ψ金剛出版　〒112-0005　東京都文京区水道1-5-16　Tel. 03-3815-6661　Fax. 03-3818-6848
e-mail eigyo@kongoshuppan.co.jp　URL https://www.kongoshuppan.co.jp/

DV加害者プログラム・マニュアル

［編著］NPO法人リスペクトフル・リレーションシップ・プログラム研究会（RRP研究会）
［編集協力］森田展彰　髙橋郁絵　古賀絵子　古藤吾郎　髙野嘉之

社会的要請を受けながらも見送られたDV加害者プログラムの公的導入だったが，NPO法人RRP研究会（代表理事＝信田さよ子）では，グラスルーツのDV加害者プログラムが展開されてきた。RRP研究会による加害者プログラム実践の集大成となるマニュアルでは，DV加害者臨床の歴史から最新の理論・技法に至る解説によりDV加害者プログラムの基礎知識を養ったうえで，怒りや隠された感情を言葉にして伝えること，加害行為の責任を取ること，被害者を尊重する関係を築くことなど，プログラムの運営をわかりやすく紹介していく。

定価3,740円

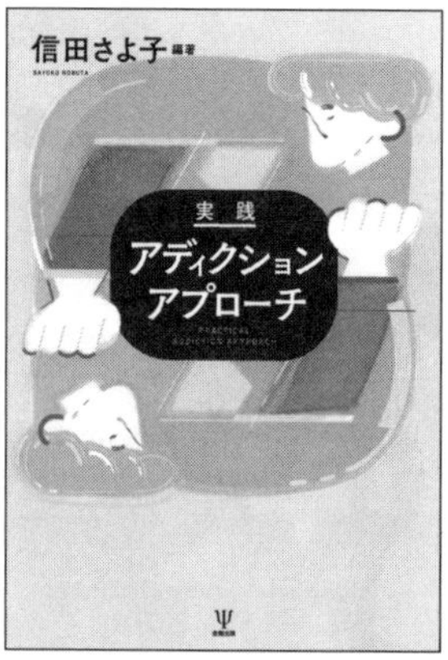

実践アディクションアプローチ

［編著］信田さよ子

1970年代からの依存症臨床は，当事者と専門家の開かれた対話を展開しながら脱医療モデルを志向し，マージナルな「異端の実践」ゆえに独自に進化してきた。アディクションからの回復における自助と共助の可能性の探索が今，専門家と当事者の交差域で新たな実践知を起動する。回復の遺産を継承してきた自助グループカルチャー，専門家・当事者の関係を転換する当事者研究，社会変動と新潮流をとらえようとする理論的考察，そして多彩な臨床現場から創発された援助実践――パラダイムシフトの熱量に突き動かされた専門家と当事者が織り成す「アディクションアプローチ」を総展望する。

定価3,520円

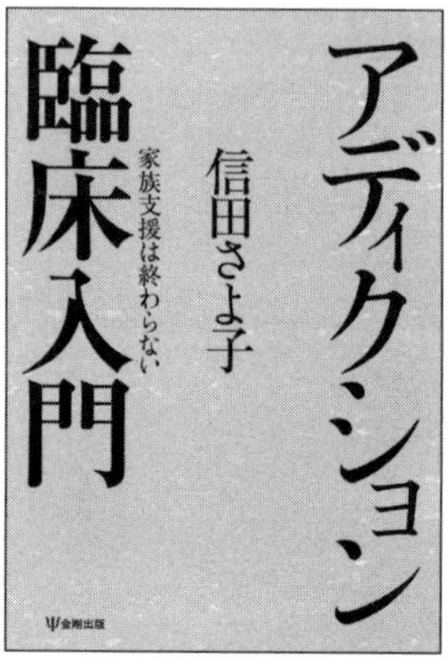

アディクション臨床入門

家族支援は終わらない

［著］信田さよ子

アディクション臨床における「当事者」とは誰か？　「抵抗とともに転がる」とは何を意味するのか？　「家族の変化の起動点」はどこにあるのか？　カウンセラーとクライエントの「共謀」とは何か？――DVや児童虐待をも視野に収める逆転の発想でアディクション臨床における心理職の役割を確立し，アダルトチルドレン，治療的共同体，被害者臨床を補完する加害者臨床などのコンセプトと実践を取り込む機動力でアディクション臨床とともに走りつづける臨床家の思想遍歴と臨床美学を一挙公開。藤岡淳子との初対談を収録したアディクション・アプローチの聖典！

定価3,080円

価格は10%税込です。